©2009 Esslinger Verlag J.F. Schreiber
Anschrift: Postfach 100325, 73703 Esslingen
www.esslinger-verlag.de
Alle Rechte vorbehalten
Text: Sandra Noa
Illustration: Antje Bohnstedt
Redaktion: Larissa Leibrock
Layout: Karin Hermann
ISBN 978-3-480-22555-2

Das spannende
Sach- und Mitmachbuch

Technik

Sandra Noa

esslinger

Worum geht's?

Technik um uns herum

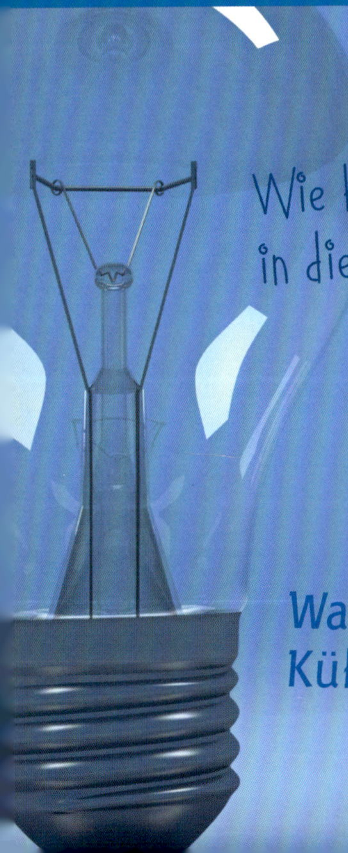

Warum wippt die Wippe?

Wie kommt der Strom in die Steckdose?

Was macht eigentlich ein Blitzableiter?

Seit wann gibt es Computer?

Warum ist es im Kühlschrank so kalt?

Die Antworten auf all diese Fragen und noch vieles mehr findest du in diesem Buch. Diese Symbole helfen dir:

 verblüffende Experimente

 pfiffiger Bastelspaß

 knifflige Quizfragen

 spannende Mitmach-Tipps

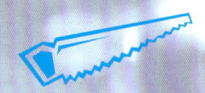

Technik von Anfang an

Technik verwenden wir täglich, denn sie ist praktisch und hilfreich.
Die meisten denken dabei allerdings nur an kleine MP3-Player, große Flugzeuge oder vollautomatische Roboter in Fabriken.

Dabei ist Technik noch mehr:
Alle Werkzeuge von der Schere über den Hammer bis zur Axt gehören ebenfalls dazu. Viele einfache Erfindungen sind schon mehrere Jahrtausende alt. Damals bauten die Menschen sie aus Materialien, die sie in ihrer Umgebung fanden: aus Holz, Knochen oder Steinen.
Im Laufe der Zeit entwickelten sie immer mehr und immer kompliziertere Geräte – bis heute.

Übrigens: Die Antworten zu allen Quizfragen findest du auf Seite 76. Viel Spaß beim Rätseln!

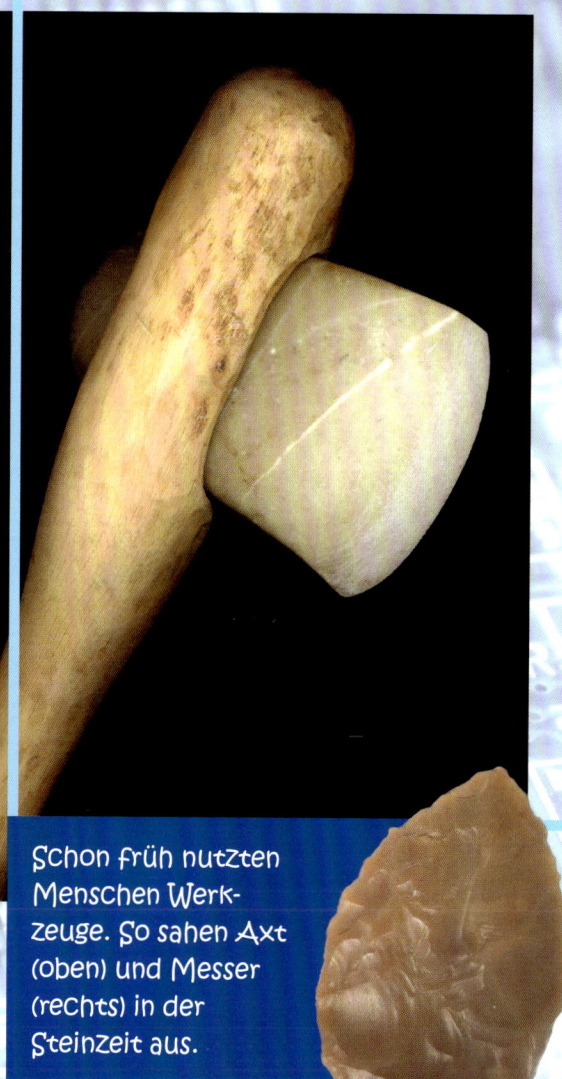

Schon früh nutzten Menschen Werkzeuge. So sahen Axt (oben) und Messer (rechts) in der Steinzeit aus.

Wann wurde was erfunden?
Bringe die Erfindungen in die richtige Reihenfolge.

Heißluftballon

Papier

Motorrad

Fernseher

Windmühle

(Holz-)Rad

Telefon

Fernglas

Von der Natur abgeguckt

Die Natur zeigt, wie's geht. Erfinder machen es nach. Sie schauen sich die Tricks von Tieren und Pflanzen an und nutzen ihre Beobachtungen für den Menschen. So entstehen Tauchanzüge so schlüpfrig wie Haihaut, Spritzen so spitz wie Bienenstachel und noch vieles mehr.

Es gibt Autoreifen, die sich beim Bremsen verbreitern – wie die Tatzen von Katzen.

Katzenpfoten verändern sich: Beim Laufen sind sie schmal. Nach einem kraftvollen Sprung werden sie jedoch breiter – das federt die Landung am besten ab.

Nach dem Vorbild des Wiesenbocksbarts sind Fallschirme entstanden: oben breit und unten hängt etwas Schweres dran.

Der Wiesenbocksbart schickt seine Früchte mit dem Wind auf Reisen. Jede einzelne Frucht hängt an einem kleinen Schirm.

Enten haben Schwimmhäute an den Füßen. So entsteht zwischen den Zehen eine breite Fläche, mit der sie sich prima unter Wasser abstoßen können.

Damit wir uns im Wasser so gut abstoßen können wie eine Ente, ziehen wir Schwimmflossen an. Mit ihnen sind wir deutlich schneller als ohne.

Von den Blättern der Lotusblume perlen Schmutz, Regen und sogar Klebstoff einfach ab. Lauter winzige Dellen wirken wie eine Schutzschicht und lassen keinen Dreck zum Blatt durchdringen. Nach diesem Vorbild wurde eine Malerfarbe erfunden, die sich wie die Lotusblume selbst reinigt. Streicht man eine Wand damit, sieht sie nach Jahren noch wie neu aus. Schmutz und Staub werden bei Regen einfach weggespült.

Strom fließt

Du brauchst:

- eine Salatgurke
- ein Messer
- ein Stück Aluminiumfolie
- eine 5-Cent-Münze
- einen Kopfhörer

Elektrizität lässt Klimaanlagen kühlen, Herdplatten heiß werden und den Computer rechnen. Meistens muss dafür nur der Stecker in die Steckdose. Oder geht es auch ohne?

1. Schneide von der Gurke eine Scheibe ab. Sie sollte etwa 5 mm breit sein.

2. Die Gurkenscheibe legst du flach auf die Aluminiumfolie. Oben drauf kommt die Münze.

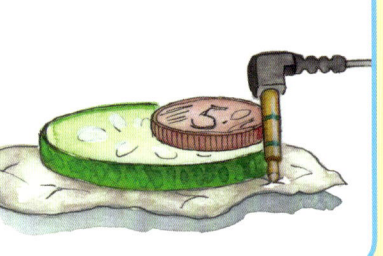

3. Setze nun den Kopfhörer auf und nimm den Stecker in die Hand.

4. Jetzt stellst du die Spitze des Steckers auf die Alufolie. Oberhalb des ersten oder zweiten Streifens sollte er die Münze berühren.

Was passiert?

Wenn du den Stecker an die Münze hältst, hörst du ein Geräusch. Dieses Knacken oder Knistern kommt vom elektrischen Strom, der fließt. Er ist jedoch zu schwach, um ein Gerät anzutreiben.

Wirf die Gurkenscheibe nach dem Experiment weg. Du kannst sie nicht mehr essen!

Was ist Elektrizität?

Wenn du das Licht anschaltest, nutzt du Elektrizität. Sie fließt als elektrischer Strom durch die Leitung und bringt die Glühbirne zum Leuchten. Winzige Teilchen sausen dann in unvorstellbarer Menge durch den Draht.

Licht aus – Licht an

Diese für uns unsichtbaren Teilchen heißen Elektronen. Sie stecken in allen Lebewesen und Gegenständen. So sind sie auch in der Gurke, der Münze und der Aluminiumfolie aus dem Experiment auf der linken Seite. Hier entsteht Elektrizität, weil das Aluminium einen Teil seiner Elektronen losschickt. Die Gurke leitet sie weiter zur Kupfermünze. Sobald du die Alufolie und die Münze mit dem Stecker des Kopfhörers verbindest, können die Elektronen zur Alufolie zurückkehren. Dann fließt Strom – ganz ohne Steckdose und Batterie.

Drückst du den Lichtschalter, machst du den Weg für die Elektronen frei.

Bei einem Gewitter wechseln sich zuckender Blitz und dröhnender Donner ab. Ein Blitz dauert nicht mal eine Sekunde. Er ist aber sehr heiß und erzeugt einen lauten Knall – den Donner.

Wie kommt es eigentlich, dass wir in Häusern vor der gewaltigen Kraft der Blitze geschützt sind?

Benjamin Franklin lebte von 1706 bis 1790. Er war der erste Mensch, der die Naturgewalt der Elektrizität zähmte – bei einem Gewitter.

Der Blitz-Bändiger

Es stürmt, finstere Wolken ziehen über den Himmel und der Donner grollt bedrohlich. Trotzdem geht der Amerikaner Benjamin Franklin mit seinem Sohn nach draußen. Sie wollen einen Drachen steigen lassen – aber nicht irgendeinen.

Der Drache hat einen Kopf mit einer Metallspitze. Seine lange Schnur ist feucht und an ihrem Ende hängt ein Schlüssel. Es ist das Jahr 1752. Der Wissenschaftler Franklin ahnt nicht, wie gefährlich sein Unwetter-Experiment ist. Es kann ihn das Leben kosten!

Das Experiment von Benjamin Franklin war sehr gefährlich. Deshalb: nicht nachmachen!

Kaum ist der Drache oben am düsteren Himmel, schon fließt Strom durch die Schnur. Der Schlüssel sprüht Funken! Doch Franklin hat Glück: Der Blitz hat den Drachen nicht direkt getroffen. Für Franklin steht damit fest: Blitze sind Elektrizität, die man sehen kann. Deshalb fängt ein Holzhaus auch Feuer, wenn ein Blitz einschlägt.

Das bringt ihn auf eine Idee: Mit einer Metallstange auf dem Dach und einem Draht bis zum Boden könnte man Blitze am Haus vorbeileiten. Dann müssten nach einem Gewitter nie mehr ganze Stadtteile abbrennen. Also erfindet er den ersten Blitzableiter der Welt!

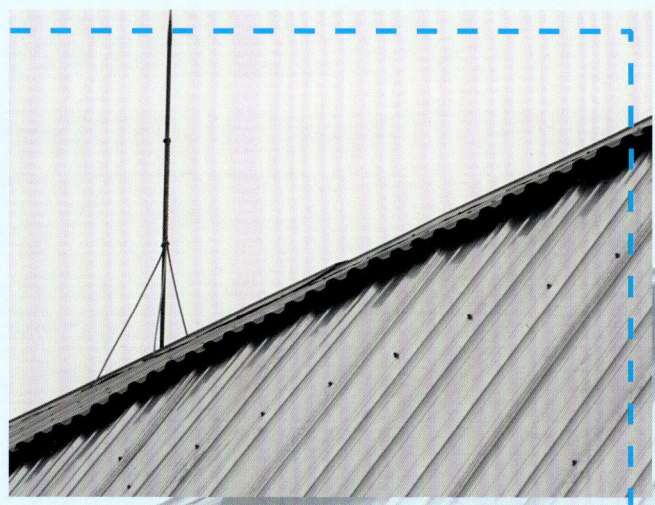

Ein Blitzeinschlag kann im Haus große Schäden anrichten. Davor schützt ein Blitzableiter. Er fängt den Blitz ein und leitet ihn am Haus vorbei in den Erdboden.

Schweres leicht gemacht

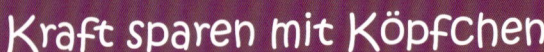

Hast du schon mal einen großen Eimer voller Sand angehoben oder alle deine Bücher auf einmal geschleppt? Das ist richtig anstrengend und gar nicht gut für deine Wirbelsäule. Weil viele Dinge einfach zu schwer sind, hat der Mensch Wege gefunden, es sich leichter zu machen: Hebel zum Beispiel.

Ein Lineal als Gewichtheber

Ein kleines Hebel-Modell ist schnell gebaut: Lege ein festes Lineal mit einem Ende auf einen Radiergummi. Auf das andere Ende kommt zum Beispiel ein Handy. Drückst du auf das hochstehende Stück des Lineals, merkst du, wie schwer sich das Handy anheben lässt. Verschiebe den Radiergummi. Was verändert sich?

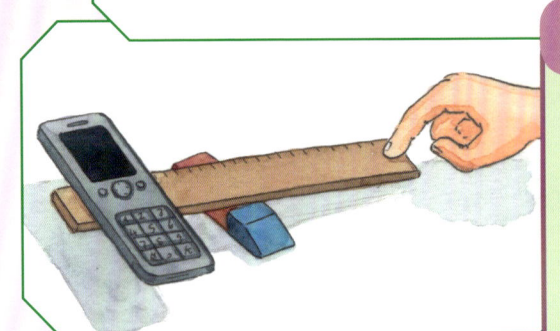

Was passiert?

Je weiter du den Radiergummi vom Finger wegschiebst, umso leichter fällt es dir, das Handy anzuheben.

Ein Spielzeug als Hebel

Eine Wippe ist auch ein Hebel. Will ein leichtes Kind ein schwereres hochheben, muss es am Ende der Wippe sitzen. Rutscht sein Gegenüber zur Mitte, hebt sich seine Seite langsam. An der langen Seite braucht man nämlich nur wenig Kraft, um etwas auf der kurzen Seite zu bewegen.

Willst du an Kraft sparen, musst du an Weg dazugeben.

Warum ist das so?

Egal, wo du den Radiergummi hinlegst – du kannst das Handy immer anheben. Mal ist es anstrengend, mal nicht. Das ist der Unterschied: Wenn es dich mehr Kraft kostet, musst du das Lineal nur ein kurzes Stück nach unten drücken.

Fällt es dir dagegen leicht, ist der Weg nach unten länger. Diesen Zusammenhang von Weg und Kraft nennt man Arbeit. Die verrichtete Arbeit bleibt am Ende immer gleich: Entweder musst du einen weiteren Weg zurücklegen oder mehr Kraft aufwenden.

Bilderrätsel

In diesem Kinderzimmer befinden sich 13 Geräte, die nur mit Strom funktionieren. Findest du sie alle?

Extra-Tipp

Nicht jedes Gerät, das Strom benötigt, hat einen Stecker. Batterien erzeugen auch Strom!

Auf dem Bild sind acht Hebel versteckt. Entdeckst du sie?

Anziehungskraft aus Metall

Sicher hast du schon einmal Eisenstücke gesehen, die andere Metalle anziehen. Sie sind etwas ganz Besonderes: Magnete. Sogar wenn du Papier, ein Glas oder Wasser dazwischen hältst, funktionieren sie.

Probier's aus!

Welche Gegenstände hebt ein Magnet hoch?

Mit einem Magneten Fische angeln

Du brauchst:

- Papier
- Stifte
- eine Schere
- Eisennägel
- Klebstoff
- einen Pappkarton
- etwas Schnur
- einen Stock
- einen Magneten

Bei diesem Spiel brauchst du kein Wasser, um Fische zu angeln. Nur ein bisschen schnippeln und malen und los geht's.

1. Falte ein Blatt Papier.

2. Auf eine Seite zeichnest du einen Fisch. Sein Schwanz und seine Unterseite müssen genau auf dem Falz enden.

3. Jetzt schneidest du ihn aus. Male ihn oben und unten bunt an.

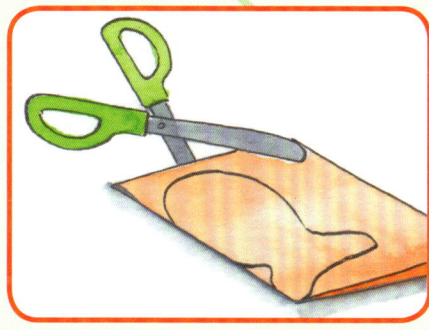

4. Klappe den Fisch auf, sodass die bemalten Seiten unten liegen. In seine Mitte kommt ein Nagel.

5. Nun klebst du den Fisch zusammen. Achte dabei darauf, dass der Nagel nicht rausfallen kann.

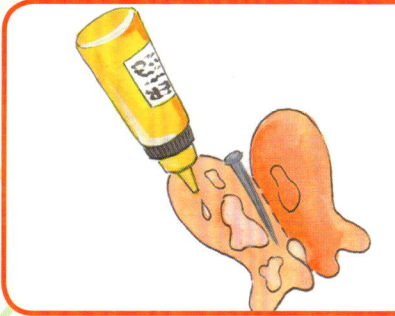

6. Auf diese Weise stellst du viele Fische her. Sie können alle anders aussehen und unterschiedlich groß sein. Vergiss nicht, aus Papier und Nägeln auch ein paar Stiefel, alte Autotüren und rostige Fahrräder als falsches Angelgut zu basteln.

7. Für das Aquarium nimmst du eine leere Kiste und malst sie von außen blau an. Hier legst du alles hinein, was gefischt werden kann.

8. Fehlt nur noch die Angel. Dafür bindest du eine Schnur an einen Stock. An das Ende der Schnur kommt der Magnet.

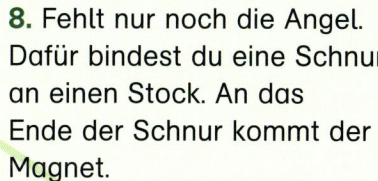

9. Der Fischwettbewerb kann beginnen. Keiner darf in das Aquarium hineinblicken, aber jeder Mitspieler kann seine Angel hineinhalten. Wenn es nur eine Angel gibt, wechselt ihr euch ab. Für jeden großen Fisch gibt es zehn Punkte, für kleinere fünf und Müll an der Angel bringt fünf Punkte Abzug. Wer bekommt die meisten Punkte?

Viele Vögel spüren oder sehen das Magnetfeld der Erde. So wissen sie immer, ob sie gerade in den Norden oder in den Süden fliegen.

Die Linien des Magnetfelds verlaufen in einem weiten Bogen vom Nord- zum Südpol dieses Stabmagneten.

Forscher vermuten, dass sich Wale an den einzelnen Linien des Magnetfelds der Erde orientieren.

Unsere Erde – der Riesenmagnet

Jeder Magnet hat einen Nord- und einen Südpol. Der Bereich dazwischen ist das Magnetfeld. Hier wirkt die anziehende Kraft des Magneten. Wie stark sie ist, machen Wissenschaftler mit einem Trick sichtbar: Sie legen eine Glasscheibe auf einen Magneten und streuen Eisenspäne darauf. Blitzschnell und ganz von allein ordnen sich die Eisenstückchen zu einzelnen Linien an. Je dichter die Linien beieinander liegen, umso stärker ist das Magnetfeld.

Auch die Erde ist ein gigantischer Magnet. Seine Pole liegen in der Nähe der Orte, die wir Nord- und Südpol nennen. Viele Tiere finden sich mithilfe des schwachen Magnetfeldes der Erde zurecht – als hätten sie einen eingebauten Kompass.

Den Unechten Karettschildkröten dient das Magnetfeld der Erde als Wegweiser. Nach dem Schlüpfen laufen sie nach Osten. Jahre später kehren sie genau an denselben Strand zur Eiablage zurück.

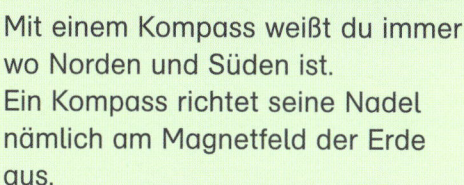

Mit einem Kompass weißt du immer wo Norden und Süden ist. Ein Kompass richtet seine Nadel nämlich am Magnetfeld der Erde aus.

Bau dir selbst einen Kompass:

Lege einen länglichen Magneten in die Mitte eines Plastikdeckels. Setze beides auf eine mit Wasser gefüllte Schüssel. Zuerst wirbelt dein Wasserkompass wild herum. Irgendwann bleibt er stehen. Jetzt weißt du: In einer Richtung ist Norden und in der gegenüberliegenden Süden. Wenn du zur Mittagszeit zum Himmel blickst, siehst du die Sonne im Süden stehen. Jetzt kannst du deinen Deckel dementsprechend beschriften.

Im Bienenstock ist es oft richtig finster. Trotzdem finden sich Honigbienen in ihm problemlos zurecht: Sie orientieren sich am Magnetfeld der Erde. Diese Fähigkeit hilft ihnen auch, die leckersten Blüten wiederzufinden.

Wärme weg – Kälte da

Ein Kühlschrank ist praktisch! In ihm bleiben Lebensmittel länger frisch und gekühlter Saft schmeckt einfach besser als lauwarmer. Doch wie funktioniert das eigentlich: innen kälter als draußen?

Das Geheimnis heißt Kühlmittel. Es fließt durch Rohre innerhalb und außerhalb des Kühlschranks. Innen ist die Temperatur hoch genug, um das Kühlmittel allmählich verdampfen zu lassen.

Beim Verdampfen entzieht es dem Innenraum Wärme. Ist das Kühlmittel komplett zu Dampf geworden, kann es keine Wärme mehr aufnehmen. Dann startet eine Pumpe.

Die Pumpe befördert den Dampf des Kühlmittels in die äußeren Rohre. Dabei wird es verflüssigt und gibt Wärme ab. Deshalb ist die Kühlschrank-Rückseite oft warm wie eine Heizung. Das wieder flüssig gewordene Kühlmittel wird zurück in die inneren Rohre gepumpt und der Kreislauf beginnt von vorne.

Eine dicke, dämmende Außenhülle hält zusätzliche die Wärme von draußen ab.

Checkliste

* In den Wänden des Kühlschranks sind Rohre.

* Durch sie fließt ein spezielles Kühlmittel.

* Im Kühlschrank verdampft das Kühlmittel.

* Dabei entzieht es dem Innenraum Wärme und es entsteht Kälte.

* Die schützende Hülle des Kühlschranks schirmt ihn gegen Wärme von außen ab.

Probier's aus!

An einem heißen Sommertag füllst du eine Plastikflasche mit lauwarmem Wasser und verschließt sie.
Wickle die Flasche in ein nasses Tuch und stelle sie in den Schatten.
Die Wärme lässt das Wasser aus dem Tuch verdampfen. Sobald es etwas getrocknet ist, machst du es wieder nass. Nach einer Weile hast du in der Flasche erfrischend kühles Wasser – fast wie aus dem Kühlschrank.

Liebes Tagebuch,

heute war der 83. Geburtstag meines Opas. Wie jedes Jahr hat er uns davon erzählt, wie er als Kind gefeiert hat. Das war eigentlich nicht so viel anders als heute – mit Kaffee für die Erwachsenen, Kakao für die Kinder und Kuchen für alle. Aber all das ohne richtigen Kühlschrank! Stattdessen stand im Keller ein Eisschrank. Er war aus Holz, funktionierte ohne Strom und hatte ein Extrafach für einen riesigen Eisklotz. Der kühlte die Luft im Eisschrank. War der Eisblock aufgetaut, brachte der Eismann aus der Brauerei einen neuen. Ganz schön umständlich und Eiswürfel konnte man damit auch nicht machen!   Bis bald! Deine Lina

Was gehört nicht in den Kühlschrank?

1. Milch
2. Butter
3. Reis

Eingeheizt!

Sobald du im Winter am Knauf der Heizung drehst, wird sie warm. Dann fließt nämlich heißes Wasser durch ein Rohr hinein und verteilt sich im ganzen Heizkörper. Dieser besteht meist aus einem Metall, das Wärme gut leitet. Deshalb dringt die Wärme des Wassers nach draußen ins kalte Zimmer. Dabei erwärmt sich die Luft.

Gleichzeitig kühlt das Wasser aber ab. Damit die Heizung trotzdem warm bleibt, fließt das Wasser durch ein anderes Rohr wieder raus. So ist immer ausreichend Platz für neues, heißes Wasser. Dieser Kreislauf geht solange weiter, bis du die Heizung abdrehst.

Warum sitzt die Heizung meistens unter dem kalten Fenster?

Wärme steigt immer nach oben. Steht die Heizung irgendwo im Zimmer, erwärmt sie nur die Luft darüber. Der Rest des Raums bleibt kalt. Am Fenster strömt jedoch immer neue kühle Luft nach und wirbelt alles durcheinander. Wie eine langsame Walze kreist die aufgeheizte Luft dann durch das ganze Zimmer. So wird es auch in der letzten Ecke mollig warm.

Wärme ohne Heizkörper

Schon in der Steinzeit, also vor über 10.000 Jahren, heizten die Menschen mit Öfen. Sie verbrannten Holz oder Kohle. Bis heute sind Kachelöfen beliebt, aber nur selten die einzige Wärmequelle.

Früher heizte man die Betten mit Wärmepfannen. Sie wurden mit glühender Kohle gefüllt und vor dem Schlafengehen unter die Bettdecke gelegt.

In Ritterburgen wurde meist nur ein Zimmer geheizt, die Kemenate. Dafür verbrannte man Holz in einem Kamin. In dem so erwärmten Raum wohnten die reichen Burgbewohner.

Auf heißen Sohlen

Die Römer erfanden schon vor etwa 1500 Jahren die Fußbodenheizung. Der Boden war allerdings so heiß, dass man extra-dicke Schuhsohlen brauchte.

27

Die Kraft der Erde

Lässt du einen Stift fallen, landet
er automatisch auf dem Boden.
Sogar, wenn du ihn erst hochwirfst,
kommt er irgendwann wieder runter.
Woran liegt das eigentlich?

Alle Gegenstände und Lebewesen ziehen
sich gegenseitig an, fast wie ein Magnet.
Davon merkst du aber nichts, weil die
Anziehungskraft der meisten Dinge nicht
groß genug ist.

Die Kraft der Erde jedoch ist so stark,
dass sie alles zum Erdmittelpunkt
zieht. Wissenschaftler nennen diese
Kraft die Erdanziehungskraft. Sie hält
uns Menschen auf dem Boden und
verhindert, dass wir ins Weltall plumpsen.

Aber je weiter sich beispielsweise eine
Rakete von der Erde entfernt, umso
schwächer wird die Erdanziehungskraft.
Deshalb schweben Astronauten
auch durch ihr Raumschiff – die
Anziehungskraft der Erde zieht sie nicht
mehr nach unten.

Checkliste

🌐 Alle Dinge ziehen einander an.

🌐 Auf der Erde wirkt die Erdanziehungskraft.

🌐 Die Erdanziehungskraft zieht alles zum Erdmittelpunkt.

Der Mond zieht die Dinge um sich herum viel schwächer an als die Erde. Deshalb wiegt eine Milchpackung dort viel weniger – etwa so viel wie eineinhalb Schokoladentafeln auf der Erde.

Was haben Mond und Apfel gemeinsam?

Isaac Newton (1643–1727) war Wissenschaftler und wunderte sich darüber, dass der Mond immer in der Nähe der Erde blieb und nie davonflog. Als ein Apfel direkt vom Baum auf seinem Kopf landete, kam er auf die Lösung: Der Apfel fällt herunter, weil die Erde ihn anzieht. Also konnte es gut sein, dass auch der Mond von der Erde angezogen wird. Und während der Mond die Erde umrundet, wirkt eine weitere Kraft. Sie sorgt dafür, dass er immer in einer bestimmten Entfernung zur Erde kreist und nicht aus dem Weltall auf uns stürzt. Heute wissen wir, dass Isaac Newton mit seinen Überlegungen recht hatte!

Mit der Erd-anziehungskraft spielen

Wenn du etwas hochwirfst, arbeitest du für einen kurzen Moment gegen die Erdanziehungskraft. Besonders eindrucksvoll kannst du das beim Jonglieren vorführen.

Hier lernst du die ersten Schritte.

Jonglieren

Du brauchst:

• 3 Bälle, die du alle auf einmal in der Hand halten kannst

So geht's:

1. Du beginnst mit einem Ball. Wirf ihn von einer Hand in die andere und wieder zurück. Dabei sollte der Ball einen großen Bogen beschreiben. Deine Arme bleiben nah am Körper und du guckst nicht auf deine Hände, sondern nur auf den Ball.

2. Jetzt ist es Zeit für den zweiten Ball: In jede Hand nimmst du einen Ball. Den ersten wirfst du wie in der Übung davor im hohen Bogen nach oben. Wenn er an der höchsten Stelle ist, wirfst du den anderen Ball hinüber. Dann fängst du beide Bälle auf und beginnst mit der Übung von vorn.

3. Nimm nun zwei Bälle in die linke Hand und einen in die rechte. Wirf einen der Bälle in der linken Hand im Bogen zur rechten Hand. Ist er an der höchsten Stelle, wirfst du den aus der rechten Hand hoch.

4. Anschließend musst du mit rechts den ersten Ball auffangen und danach den zweiten aus der linken Hand loswerfen.

Extra-Tipp
Wenn du dich dicht vor eine Wand stellst, können die Bälle nicht nach vorne wegfliegen.

Stehaufmännchen

Du brauchst:
- einen Tischtennisball
- ein Messer
- eine kleine Styroporkugel
- Knete
- Klebstoff
- Stifte oder Tusche
- Wollreste

So geht's:

1. Schneide vom Tischtennisball so viel ab, dass dein Zeigefinger gut durch das entstandene Loch passt. Lass dir dabei am besten von einem Erwachsenen helfen.

2. Dann legst du etwas Knete auf deine Fingerspitze und steckst sie durch das Loch. Drücke sie gut am Boden fest. Auf diese Weise stopfst du so viel Knete in den Ball, dass sein Boden davon bedeckt ist.

3. Jetzt befestigst du mit wenig Klebstoff die Styroporkugel über dem Loch.

4. Male alles an: Der Ball ist der dicke Bauch deines Stehaufmännchens, die Kugel sein Kopf. Die angeklebten Wollreste sind die Haare

5. Probiere nun, dein Männchen umzustoßen.

Was passiert?
Die schwerste Stelle des Stehaufmännchens ist dort, wo du die Knete hingedrückt hast. Diese wird stärker von der Erde angezogen als der Rest. Deshalb richtet sich das Männchen immer wieder auf.

Wäsche waschen leicht gemacht

Früher musste man das Wasser zum Waschen mühselig mit Eimern aus dem Brunnen oder vom Fluss holen.

Als es noch keine Waschmaschinen gab, wurde die Kleidung von Hand gewendet und durchgeknetet. Ein Waschbrett half dabei mit seinen Rillen, auf denen man die schmutzige Wäsche rauf und runter rieb – so lange, bis der Dreck raus war.

Nach dem Schrubben wurde das dreckige Wasser weggeschüttet und die Wäsche noch mal in sauberem Wasser hin- und hergewendet.

1. Wasser marsch!

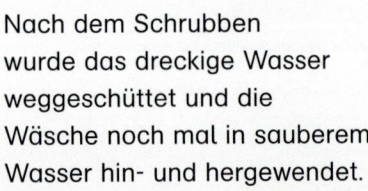

2. Schrubben

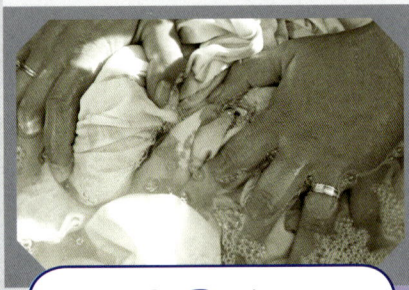

3. Spülen

Heute stecken wir unsere Wäsche einfach in die Waschmaschine. Das Wasser fließt zuerst in das Fach mit dem Waschpulver und spült es dort heraus. Die entstandene Lauge reinigt die dreckige Kleidung.

Durch die Löcher in der Wäschetrommel fließt die Lauge zur dreckigen Wäsche. Diese saugt sich nun voll. Damit die Wäsche rundum nass wird, dreht sich die Trommel. Immer wieder bleibt die schmutzige Kleidung an den Erhebungen in der Wäschetrommel hängen, fällt herunter und fliegt so kreuz und quer. Dabei löst sich der Dreck aus der Wäsche und bleibt im Wasser hängen.

Am Ende muss das schmutzige Wasser wieder raus. Die Waschmaschine pumpt es automatisch ab. Anschließend fließt noch mehrmals frisches Wasser nach, um die Wäsche ganz sauber auszuspülen.

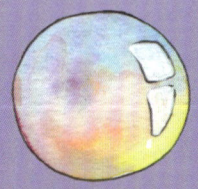

Um das Wasser aus der nassen Wäsche zu bekommen, wurde diese von Hand ausgewrungen. Das war sehr anstrengend!

Die ersten Waschmaschinen …

… liefen ganz ohne Strom. Mit ihrer eigenen Muskelkraft drehten die Frauen den runden Behälter mit der schmutzigen Wäsche. Obwohl sie dafür eine Stunde an der Waschmaschine standen, war das Wäschewaschen plötzlich viel einfacher als vorher – ohne kräftezehrendes Rubbeln, Spülen und Scheuern. Nur der Schleudergang war noch nicht erfunden. Die Wäsche war also triefend nass, wenn sie aus der Maschine kam.

4. Schleudern

Im Schleudergang dreht sich die Wäschetrommel unglaublich schnell. Auf diese Weise wird das Wasser aus der nassen Wäsche gepresst und anschließend abgepumpt. Dabei wirkt die sogenannte Fliehkraft. Sie zieht bei Drehbewegungen alles nach außen.

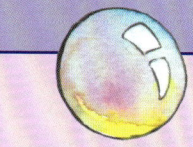

Selber schleudern

Was beim Schleudern in der Waschmaschine passiert, kannst du selbst mit einem tropfnassen Handtuch nachmachen. Geh dafür am besten nach draußen.
Halte das Handtuch an einem Ende fest und drehe es so schnell wie möglich über deinem Kopf im Kreis. Je schneller du schleuderst und je länger du durchhältst, umso trockener ist das Handtuch am Ende.

Schall ...
oder warum wir hören

Zwitschernde Vögel, brummende Autos und laute Musik – überall um uns herum sind Töne und Geräusche. Sie schwirren als unsichtbare Schallwellen durch die Gegend. Wenn du zum Beispiel die Saite einer Gitarre zupfst, schwingt diese. Dabei wird auch die Luft um sie herum angestoßen – an einigen Stellen stärker, an anderen weniger. So entstehen Schallwellen. Ganz schnell breiten sie sich in alle Richtungen aus, bis sie in dein Ohr gelangen. Dort versetzen sie das Trommelfell in Schwingungen und das Gehirn erkennt den Ton einer Gitarre.

Flüstern:
20 – 30 Dezibel

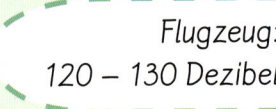

Straßenverkehr:
80 – 90 Dezibel

Flugzeug:
120 – 130 Dezibel

Verschiedene Lautstärken

Die Lautstärke eines Geräusches misst man in Dezibel. Je höher die Zahl, desto lauter der Ton. Ab 130 Dezibel tun einem Menschen die Ohren weh. Wenn du zum Beispiel zu lange laute Musik hörst, kann dein Gehör kaputt gehen.

Probier's aus!

Du kannst selbst spüren, wie deine Stimme Schwingungen erzeugt. Halte einen Finger vorne an den Hals und sage etwas oder singe.

Ein Hörspiel entsteht

Wenn du einer Geschichte von CD oder Kassette lauschst, hörst du im Hintergrund meistens auch Geräusche. Bei einem solchen Hörspiel entstehen bei jedem Zuhörer ganz eigene Bilder im Kopf.

Mit Worten spielen

Bilde eine Wortkette, die möglichst lang ist. Sie sollte mit „Hörspiel" beginnen und mit „Geräuschemacher" aufhören. Findest du gemeinsam mit deinen Freunden noch mehr Wörter?

Hörspiel ...
Spielplatz ... ???

Am Anfang steht immer eine Idee – und zwar die, worum es im Hörspiel gehen soll. Ist sie gefunden, wird daraus eine Geschichte. Der Autor gibt den Personen einen Namen, einen Wohnort und bestimmte Eigenschaften. Anschließend macht er sich ans Drehbuch. Darin steht nicht nur, was im Hörspiel passiert, sondern auch wie es klingen soll. Zum Beispiel steht dort, was die einzelnen Personen sagen, wie sie sprechen und ob währenddessen zum Beispiel ein Feuerwerk im Hintergrund losgeht. Musik darf natürlich auch nicht fehlen.

All das – die Geräusche, die Musik und die Stimmen der Sprecher – wird im Tonstudio aufgenommen. Dort sortiert der Tonmeister die Aufnahmen so, wie es im Drehbuch festgelegt wurde. Er mischt die Töne und den gesprochenen Text miteinander, bis alles zusammenpasst. Fertig ist das Hörspiel!

Mit Hand, Fuß und Mund – Geräusche machen als Beruf

Am Anfang machte Joo Fürst nur Musik für Filme. Von seinem heutigen Job hatte er noch nichts gehört, als ein Filmemacher eines Tages auch Geräusche von ihm wollte. Hier erzählt er unserer Autorin Sandra Noa davon, wie es ist, einen Film mit den Ohren zu sehen.

S. Noa: Herr Fürst, beim Filmen wird meist automatisch der Ton mit aufgenommen. Wieso müssen Sie im Nachhinein noch mal Geräusche dazugeben?

J. Fürst: Ein Film besteht sozusagen aus drei Teilen: aus Bildern, Texten und Geräuschen. Wenn nun dieser Film in verschiedenen Ländern gezeigt werden soll, bleiben die Bilder und Geräusche gleich. Nur die Texte der Schauspieler werden oft neu eingesprochen – in der Sprache des jeweiligen Landes. Würde man die Geräusche beim Drehen einfach mit aufnehmen, müssten sie in jedem Land noch mal neu gemacht werden. Außerdem sind viele Geräusche auch zu leise, wenn sie nebenbei mit dem Mikrofon aufgenommen werden. Deshalb ahme ich nach dem Dreh alle Geräusche noch mal nach.

S. Noa: Welche Geräusche machen Sie denn am liebsten?

J. Fürst: Ganz klar: Schritte. Sie sind immer wieder eine neue Herausforderung. Schritte klingen jedes Mal anders – je nachdem, ob der Schauspieler auf Gras, durch Sand oder auf der Straße läuft, wie schnell er ist und welche Schuhe er trägt. Bei einem schweren Mann in Turnschuhen klingt es anders als bei einer schlanken Frau in Stöckelschuhen, wenn sie über die Straße geht.

S. Noa: Und was ist am schwersten nachzumachen?

J. Fürst: Puh, das sind die feinen und leisen Körpergeräusche. Eine Frau, die eine Strumpfhose anzieht zum Beispiel. Oder wenn jemand ein Streichholz anzündet. Dann bastle ich extralange Streichhölzer, damit alles vom zischenden Anzünden bis zum zündelnden Brennen genau zu hören ist.

S. Noa: Das klingt so, als ob Sie Ihren Job immer noch lieben wie am ersten Tag.

J. Fürst: Auf jeden Fall. Man entdeckt immer wieder Neues. Ganz ehrlich: Ich bin immer noch aufgeregt, wenn ich dann am Ende den kompletten Film mit Geräuschen sehe. Man weiß ja nie, wie es den anderen gefällt.

Ich schau mir jede Szene etwa 40- bis 50-mal an, bevor ich zufrieden bin.

S. Noa: Wie lange sitzen Sie dann an einem Film, der ungefähr 100 Minuten lang ist?

J. Fürst: Je nachdem, für einen Kinofilm brauche ich meistens zehn Tage. Das heißt, ich schaffe etwa zehn Minuten Filmzeit an einem Tag.

S. Noa: Vielen Dank für das Interview, Herr Fürst!

Joo Fürst kann alle Geräusche nachmachen: Von Maggies Schnuller bei den Simpsons über die Kinderbuchverfilmung „Urmel aus dem Eis" bis zu den unzähligen Fußballkicks in „Deutschland. Ein Sommermärchen". Seine ganze Familie hat er damit schon angesteckt. Selbst seine sechsjährige Tochter Cosma forscht regelmäßig nach Geräuschen, die ihr Spielzeug macht. Und wenn es nur das Klappern einer Dose ist, das nach Pferdegetrappel klingt.

Geräusche zum Lachen,
Staunen und Gruseln

Prasselnder Regen

Wenn du getrocknete Erbsen
in eine Pappschachtel rieseln
lässt, hört es sich so an, als
ob es richtig laut gegen eine
Fensterscheibe regnet.

Furchterregender Wald

Die knirschenden Geräusche von
Füßen, zum Beispiel auf Kies, ahmst
du so nach: Reis in einen kleinen
Stoffbeutel schütten und die Hände
abwechselnd darauf drücken.

Gruselgeräusche selbst gemacht

Ob Hörspiel oder selbstgedrehter
Film – erst mit den richtigen Geräuschen
kommt die passende Stimmung rüber.
Hier lernst du die besten Tricks für die
schaurigsten Geräusche.

Knallender Donner

Für einen
unheimlichen
Donnerschlag
musst du nur
ein dünnes
Blech oder
einen festen
Karton
schütteln.

Wütender Sturm

Um den Wind heulen zu lassen, lässt du einen etwa einen Meter langen Schlauch durch die Luft kreisen.

Fliehendes Pferd

Ein Pferd trabt auf der Flucht besonders schnell. Setze dich für das Geräusch auf einen Stuhl und schlage mit deinen Händen abwechselnd auf die Oberschenkel. Gleichzeitig trampelst du mit deinen Füßen auf den Boden.

Knarrende Tür

Hierfür brauchst du ein Stück Styropor. Fahre einfach langsam mit einem Fingernagel oder einem Stock darüber.

Gespenstische Stimme

Um deine Worte richtig gruselig klingen zu lassen, sprichst du durch eine Papprolle in einen leeren Eimer.

Aufgeregte Fledermäuse

Ein flatterndes Geräusch erhältst du, wenn du ein Handtuch ruckartig durch die Luft wedelst.

Den Computern auf der Spur

Seit wann gibt es eigentlich Computer? Und wie sahen sie früher aus? Im Heinz Nixdorf MuseumsForum, dem größten Computermuseum der Welt, kannst du sehen, wie sich der Computer im Laufe der Zeit verändert hat.

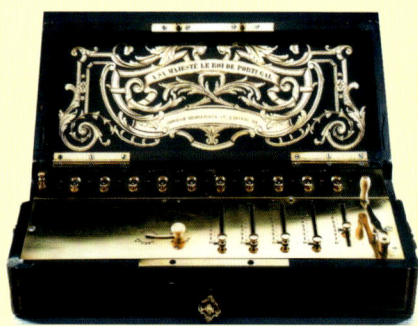

So sahen die ersten Speicher aus. Auf ihnen wurden Zahlen festgehalten – in Form von Löchern. Jedes Lochmuster hatte seine eigene Bedeutung. Heute arbeiten die Computer immer noch mit einem ähnlichen Prinzip. Nur ist alles viel kleiner.

Schon vor langer Zeit halfen Maschinen den Menschen beim Rechnen, zum Beispiel dieses Arithmomètre. An einem Modell im Museum kann jeder ausprobieren, wie man damit rechnet.

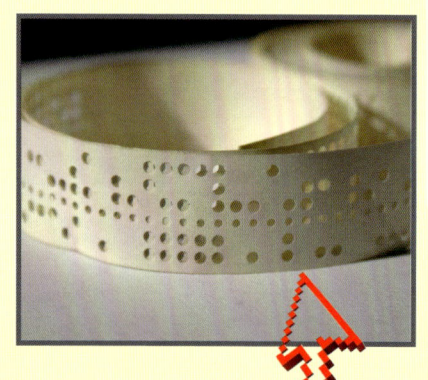

Als Miterfinder des Computers gilt der Deutsche Konrad Zuse. Er baute die erste Rechenmaschine, die sich auch was merken konnte. Sein Z3 speicherte allerdings höchstens 64 Zahlen.

1820   1890   1941

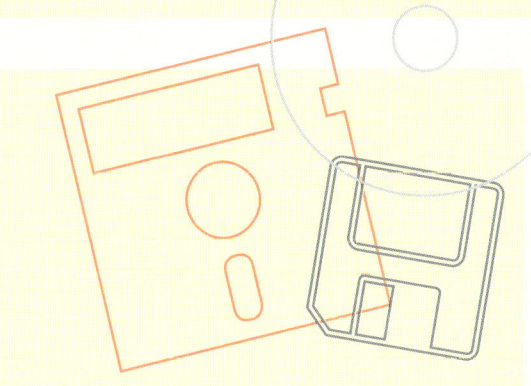

Im Museum kannst du am Computer alte und neue Spiele testen. Besonders lustig sehen die Spiele von früher aus – nur grüne Punkte auf schwarzem Untergrund!

Geh hin!
Die Adressen von diesem Museum und vielen anderen findest du auf Seite 77!

Die erste elektronische Maschine, die mehr konnte als rechnen, war der ENIAC. Er wog so viel wie sechs Elefanten zusammen und brauchte mehr Platz als eine Garage! Neben dem Riesending sieht ein kleiner Laptop wie ein Zwerg aus.

Am Anfang nutzten nur Spezialisten wie Mathematiker und das Militär die Computer. Dann wurden sie auch in Fabriken eingesetzt – als sogenannte Minicomputer. Unvorstellbar, dass vorher alles von Hand erledigt wurde. Das kennen wir heute gar nicht mehr!

Lange Zeit glaubte keiner daran. Aber auf einmal war er da, der PC – der „Persönliche Computer" für jeden. Erst stand er auf Schreibtischen in Büros und bald auch zu Hause. Bei den ersten Geräten musste der Benutzer noch eine sogenannte Programmiersprache beherrschen. Man konnte nicht einfach auf Bildchen oder Worte klicken, damit was passiert.

1946   1965   1981

Hardware

Alles, was du am Computer anfassen kannst, nennt man Hardware: der Rechner, der Bildschirm, die Tastatur, die Maus ...

Software

Alles, was du am Computer nicht anfassen kannst, nennt man Software: das Programm zum Briefeschreiben, die Spiele, das Programm zum Surfen im Internet ...

Computer – die praktischen Alleskönner

Ganz schnell komplizierte Aufgaben lösen, Schach spielen, Flugzeuge lenken und Nachrichten übermitteln – das sind nur ein paar Beispiele dafür, was Computer können. Nicht jeder sieht so aus, wie der auf dem Schreibtisch deiner Eltern. Aber eins haben alle Computer gemeinsam: Jemand muss ihnen sagen, was sie tun sollen.

	Computersprache
0	00110000
1	00110001
2	00110010
3	00110011
4	00110100
5	00110101
6	00110110
7	00110111
8	00111000
9	00111001
10	00110001 00110000

Wie hier für die Zahlen von 0 bis 10 gibt es für alles in der Computersprache eine eigene Ziffernkombination aus 0 und 1.

Ohne Programmierer würde ein Computer noch nicht einmal angehen. Damit er es aber tut, bringt der Programmierer ihm erst mal vieles bei.

Der Computer versteht allerdings nur seine eigene Sprache, die aus zwei Ziffern besteht. Die 0 bedeutet: nix, es fließt kein Strom. Die 1 heißt: Es fließt Strom. Mehr kann ein Computer nicht auseinanderhalten.
Der Programmierer reiht die beiden Ziffern in ganz unterschiedlichen Reihenfolgen aneinander. Die Abfolgen ordnet er dann bestimmten Zahlen, Farben, Tönen oder Buchstaben zu. Ein E beispielsweise sieht in der Computersprache so aus: „01000101".

Wenn zu Hause jemand den Computer benutzt, werden diese Zahlenkombinationen hin und her geschickt. Dann passiert, was der Nutzer gern möchte: Es erscheint der eingetippte Text auf dem Bildschirm, Musik wird abgespielt, Fotos werden angezeigt und vieles mehr.

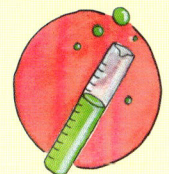

Woher weiß die Maus, wo sie ist?

Wenn du die Computermaus bewegst, wandert ein Pfeil, ein Strich oder eine Hand über den Bildschirm. Wie das funktioniert, kannst du selbst ausprobieren.

Du brauchst:
- ein großes Blatt kariertes Papier
- ein Lineal
- einen Bleistift
- eine Computermaus

1. Mit dem Lineal zeichnest du auf das Blatt die Umrisse vom Bildschirm deines Computers.

2. Unterteile dein Feld in zehn Zeilen und 20 Spalten.

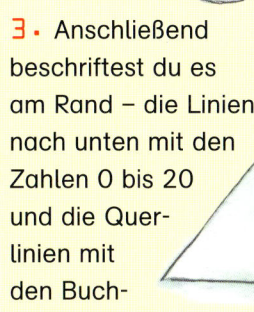

3. Anschließend beschriftest du es am Rand – die Linien nach unten mit den Zahlen 0 bis 20 und die Querlinien mit den Buchstaben A bis J.

4. Wenn du nun deine Maus über das Kästchenmuster bewegst, wird ihre Position an den Bildschirm übermittelt. Der ist wie dein Blatt Papier auch in Bereiche unterteilt. Schiebst du deine Maus etwa von B7 nach C8, weiß der Computer genau, in welches Kästchen du willst. Der Pfeil macht es auf dem Monitor dann einfach nach.

Woher kommt unser Strom?

Beim Fernsehen, zum Kochen und selbst nach dem Duschen zum Haareföhnen brauchen wir Strom. Er kommt aus Kraftwerken zu uns in die Steckdose.

Meist treibt man in Kraftwerken eine **Turbine** an. Sie hat Schaufelräder wie ein Wasserrad und dreht sich. Mit der Drehbewegung setzt sie einen Generator in Gang. Der **Generator** funktioniert wie ein Dynamo am Fahrrad: Wenn das Rad sich dreht, bringt er die Fahrradlampen zum Leuchten. In einem Kraftwerk macht der Generator aus der Drehung Strom, zum Beispiel mit der Kraft, die in Kohle, Wind oder Wasser steckt.

Windkraft

Die hohen Windräder fangen den Wind ein. Dadurch beginnen die riesigen Rotorblätter zu kreisen. Sie treiben direkt einen Generator an: je mehr Wind, umso mehr Strom.

Sonnenkraft

Die Sonne hat Kraft – sie wärmt uns und verbrennt manchmal sogar die Haut. In Solarzellen wird die Kraft der Sonne direkt in Strom ungewandelt. Solche schimmernden Platten siehst du auf vielen Hausdächern.

Atomkraft ist sehr umstritten, weil dabei lebensgefährlicher Müll entsteht, der unsere Erde noch Jahrtausende lang belastet.

Wasserkraft

Durch Wasserturbinen fließt das Wasser von Flüssen, Seen und Meeren mit voller Kraft. Dadurch werden sie in Bewegung gesetzt. Die Turbinen treiben einen Generator an, wobei Strom entsteht.

Atomkraft

Alles auf der Erde besteht aus winzig kleinen Atomen. Sie werden durch unvorstellbar starke Kräfte zusammengehalten. Spaltet man den Kern der Atome, werden diese Kräfte freigesetzt. Dabei wird es sehr heiß. Die Hitze nutzt man, um Wasserdampf zu erzeugen. Der treibt dann eine Turbine an.

Kohle, Erdgas und Erdöl

Im Heizkraftwerk wird Kohle, Erdgas oder Erdöl verbrannt. Wie in einem Kamin entsteht dabei Hitze. Und die erwärmt Wasser so stark, dass es verdampft. Im Kraftwerk hat dieser Wasserdampf so viel Kraft, dass er Turbinen drehen lässt.

Biomasse

Holzabfälle und Stroh nennt man Biomasse. Auch Biogas, das beim Verfaulen von Müll und Gülle entsteht, gehört dazu. Verbrennt man Biomasse, erzeugt sie wie Kohle oder Erdgas Strom.

Nicht aus allem, das nach Steckdose aussieht, kommt auch Strom!

Vom Kraftwerk nach Hause

Strom kommt aus Kraftwerken. Soweit ist alles klar! Aber wie schafft er es dann zu uns nach Hause?

Unzählige Kabel transportieren Strom quer durch Deutschland. Sie holen ihn am Kraftwerk ab und bringen ihn zu Fabriken, auf Bauernhöfe und in die Steckdosen bei uns zu Hause. Hochspannungsleitungen beginnen direkt am Kraftwerk. Sie sind so etwas wie eine Strom-Autobahn. In ihren dicken Kabeln legt der Strom weite Strecken zurück.

In einer größeren Stadt angekommen, biegt der Strom auf kleinere Kabel ab. Diese enden irgendwann in einem sogenannten Transformator. Der verteilt den Strom auf die umliegenden Häuser. Vorher wandelt der Transformator den Strom so um, dass unsere elektrischen Geräte wie Waschmaschinen, Computer und Radios ihn nutzen können.

Energiespar-Tipps

Im Winter im T-Shirt durch die Wohnung hüpfen – das ist überflüssig. Zieh dich lieber etwas wärmer an und dreh die Heizung runter.

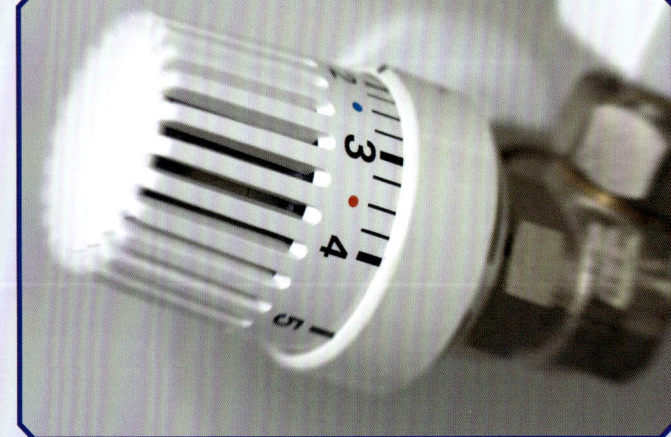

Wenn du einen Raum verlässt, solltest du das Licht hinter dir ausschalten.

Welcher Schalter gehört zu welcher Glühbirne?

Finn verwendet keine Energiesparlampen!

TIPP

Das Haus von Finn hat einen Dachboden. Dort oben gibt es keine Fenster, dafür aber drei Glühbirnen. Zwei davon hängen tief von der Decke herab. Eine Lampe ist auf Kopfhöhe an der Wand angebracht. Die dazugehörigen Lichtschalter sind jedoch außerhalb des Dachbodens, eine Etage tiefer.

Wie findet Finn bei geschlossener Tür heraus, welcher Schalter zur Glühbirne an der Wand gehört? Er darf mehrere Lichtschalter betätigen, den Dachboden aber nur einmal betreten.

Lust auf einen Snack? Dann schnell zugreifen und die Kühlschranktür wieder schließen. Je weniger warme Luft in den Kühlschrank kommt, umso weniger Strom verbraucht er beim Kühlen.

Glühbirnen sollen Licht machen. Die Birnen, die lange Zeit verwendet wurden, produzieren aber zusätzlich noch viel Wärme. Dabei verschwindet eine Menge Strom ungenutzt. Bei Energiesparlampen ist das anders: Sie leuchten genauso hell wie normale Glühbirnen, werden aber kaum warm. Deshalb verbrauchen sie auch weniger Strom.

AUF DER SUCHE NACH MARSMENSCHEN

Seit 2004 sind Forschungsroboter auf dem Mars unterwegs. Sie machen Fotos, nehmen Bodenproben und schicken ihre Ergebnisse an Wissenschaftler auf der Erde. Ziel ihrer Mission: Hinweise auf Marslebewesen zu finden. Ganz kleine. Vielleicht solche, aus denen vor Millionen Jahren auch alles Leben auf der Erde entstanden ist.

Und warum schickt man nicht einfach Astronauten zum Mars, sondern Roboter? Allein der Hinweg würde über ein Jahr dauern. Ob und wie ein Mensch so einen langen Aufenthalt im Weltraum aushalten würde, muss erst noch erforscht werden.

Willkommen bei mir zu Hause!

NÜTZLICHE HELFER

Sie streiken nie, sie brauchen keinen Schlaf und können sieben Tage die Woche durcharbeiten. Das einzige Problem: Manchmal funktionieren sie nicht so, wie geplant. Aber dann kommt einfach jemand, der sie repariert und schon geht alles wieder seinen Gang. In immer mehr Bereichen sind sie tätig. Die Allzweckhelfer schrauben Autos zusammen, erforschen unwegsames Gelände und entschärfen Bomben. Die Rede ist von Robotern.

BOMBEN - NEIN DANKE!

tEODor rettet Menschenleben! Er kann einen Koffer oder ein Auto öffnen, wenn darin Sprengstoff vermutet wird. Findet er tatsächlich eine Bombe, kann sie entschärft werden, ohne dass dabei jemand sein Leben riskiert: In sicherer Entfernung lenkt ein Sprengstoffexperte den Roboter.

WARUM „ROBOTER"?

Der tschechische Schriftsteller Karel Capek hat den Begriff „Roboter" eingeführt. In einem seiner Werke baut eine Firma Maschinen, die den Menschen ähnlich sehen und ihnen Arbeit abnehmen sollen. Sie werden wie Sklaven gehalten – daher haben sie auch ihren Namen: Das tschechische Wort „robota" bedeutet so viel wie „schwer arbeiten" oder „zur Arbeit gezwungen werden".

ERSATZKÖRPERTEILE

Mit ihrer neuen Hand sieht Frau Block wie eine Mischung aus Mensch und Roboter aus. Doch kann sie dank dieser Erfindung nun fast alles mit links machen, was mit gewöhnlichen Ersatzkörperteilen nicht möglich war: Koffer tragen, auf der Computer-Tastatur tippen und kräftig zugreifen.

ARBEIT AM FLIESSBAND

Erst seit etwa 50 Jahren werden Roboter auch in Fabriken eingesetzt. Dort nehmen sie den Arbeitern gefährliche und eintönige Aufgaben ab. Sie schweißen Autoteile zusammen, zerschneiden Steine, heben schwere Kisten und verpacken Kekse in Kartons. Nur wenn etwas Unvorhergesehenes passiert, muss ein Mensch vor Ort sein und eingreifen. Ein Roboter ist beispielsweise nicht darauf programmiert, eine heruntergefallene Schraube wieder aufzuheben.

WELCHE ROBOTER BRAUCHT DER MENSCH?

Es gibt sinnvolle und weniger sinnvolle Roboter. Entscheide selbst, welche der hier vorgestellten Erfindungen der Mensch wirklich braucht und welche nicht.

ROOMBA 560

Diese kleine Scheibe ist ein Staubsauger. Einmal aufgeladen kann er ganz allein die Böden von vier Zimmern nacheinander putzen. Roomba 560 kommt sogar problemlos unters Sofa und unters Bett. Niemand muss ihn dabei bedienen. Es muss noch nicht mal jemand zu Hause sein, wenn er loslegt.

CARE-O-BOT 3

Der Care-O-bot 3 besitzt vielseitige Fähigkeiten: den Tisch decken, Schubladen öffnen, Getränke servieren und Blumen gießen. Das Beste: Jeder kann ihn ohne besondere Vorkenntnisse programmieren. Will ein Besitzer ihm beibringen, wie der Tisch geputzt wird, muss er den Roboterarm nur so bewegen, wie Care-O-bot 3 es danach allein machen soll. Der vielseitige Roboter wurde als Haushaltshilfe für ältere Menschen entwickelt.

ROBOCUP

Toooor! Doch der erfolgreiche Schütze freut sich gar nicht! Umso glücklicher sind seine Erfinder und Programmierer. Sie nehmen am alljährlichen RoboCup teil. Was so einfach aussieht, ist mächtig kompliziert. Beim Menschen läuft beim Fußball alles von allein ab: schauen, wo der Ball ist, den Gegner im Auge behalten und dann auch noch im richtigen Moment schießen. Ein Roboter muss alles über Kameras und eine Art Fühler aufnehmen. Daraus berechnet er in Sekundenschnelle, was er als Nächstes tut.

OLE

Noch sind sie nicht fertig, aber in Magdeburg wird mit Hochdruck an OLEs gearbeitet. Die Lösch-Käfer streifen durch Wälder und spüren dort jedes Feuer auf – selbst wenn es noch einen ganzen Kilometer entfernt ist. Dann eilen sie hin und löschen es. Ihre feuerfeste Hülle schützt sie davor, selbst zu verbrennen.

Werde zum Erfinder! Wie du siehst, können Roboter eine ganze Menge. Doch welcher Roboter sollte noch erfunden werden? Male ihn doch mal auf und überlege, wie er heißen könnte.

CONNECT R

Der rote Flitzer ist mit einer Kamera, einem Mikrofon, Lautsprechern und einem Internetzugang ausgestattet. So können Eltern, die gerade nicht zu Hause sind, trotzdem ihren Kindern eine Gute-Nacht-Geschichte vorlesen. Oder Hundebesitzer spielen in der Mittagspause eine Runde Stöckchen holen mit ihrem Vierbeiner.

Vom Reitwagen zum Motorrad

Das erste Motorrad war 1885 gleichzeitig auch das erste Fahrzeug mit einem Verbrennungsmotor. Es bestand aus Holz und hatte Stützräder an beiden Seiten. Dieser Reitwagen fuhr nämlich so langsam, dass man damit leicht umkippen konnte.

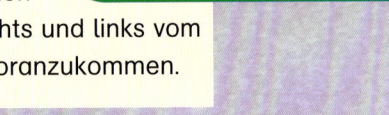

Von der Draisine zum Fahrrad

Ein Lenker, ein Sattel, zwei Räder – nur die Pedale fehlen. Der Vorgänger unseres modernen Fahrrads aus dem Jahre 1817 war eher ein Laufrad. Der Benutzer einer solchen Draisine musste sich rechts und links vom Rahmen abstoßen, um voranzukommen.

Auf Rädern unterwegs

Um schnell und bequem vorwärts zu kommen, benutzte der Mensch lange Zeit Esel, Pferde und Kutschen. Doch nach und nach dachten sich schlaue Erfinder immer neue Fortbewegungsmittel aus. Hier siehst du die Vorläufer von Fahrrad, Motorrad und Auto.

Cabrio aus dem Getränkekarton

Einen schnellen Flitzer auf vier Rädern kannst du dir auch selbst bauen.

Du brauchst:
- einen leeren, ausgewaschenen Tetrapak
- eine Schere
- eine Nadel
- zwei Strohhalme
- vier runde Bierdeckel
- etwas Knete

3. Stecke die Nadel nun auch in die Mitte der Bierdeckel. Das entstandene Loch kannst du mit der Spitze der Schere so vergrößern, dass der Strohhalm durchpasst.

4. Jetzt schiebst du einen Bierdeckel auf jedes Strohhalmende.

1 Als Erstes schneidest du die lange Seite des Tetrapaks aus.

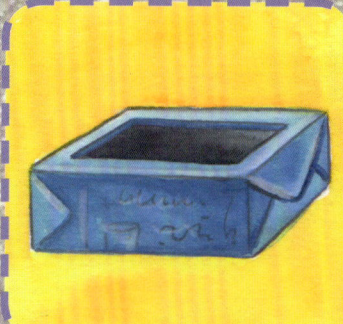

2 Auf der langen Seite bohrst du mit der Nadel vier Löcher in den Karton. Zwei Löcher müssen sich genau gegenüber liegen. Führe durch sie einen Strohhalm.

5. Schneide die überstehenden Strohhalmreste ab und verschließe sie mit etwas Knete. Fertig ist dein Cabrio! Du kannst es noch anmalen oder mit Tonpapier bekleben.

Vom Motorwagen zum Auto

Wie eine Kutsche ohne Pferde sah das erste Auto der Welt im Jahr 1886 aus. Nur zwei Fahrgäste hatten darin Platz. Als bei einer Probefahrt das Benzin ausging, musste die Fahrerin Nachschub holen. Tankstellen gab es noch keine, deshalb kaufte sie Benzin in einer Apotheke.

Was steckt im Auto drin?

Einige Menschen benutzen es täglich, andere nur für den Sonntagsausflug – das Auto. Doch keiner denkt beim Fahren darüber nach, wie die vielen Tausend Einzelteile zusammenarbeiten.

Wie eine schützende Hülle umgibt die Karosserie die Insassen eines Autos. Sie verleiht dem Auto seine typische Form und kann in allen möglichen Farben lackiert werden.

Bewegt der Fahrer das Lenkrad, verändert sich die Fahrtrichtung des Autos. Das Lenkrad ist nämlich mit den Vorderrädern verbunden, die sich entsprechend drehen.

Im Motor wird der Treibstoff, zum Beispiel Benzin, verbrannt. Ohne Motor müsste man ein Auto schieben.

Die Bremsen stoppen oder verlangsamen das Auto. Tritt der Fahrer auf das Brems-pedal, wird eine Scheibe neben jedem Rad eingeklemmt. Die Scheiben und somit auch die Räder können sich nun nicht mehr so gut drehen.

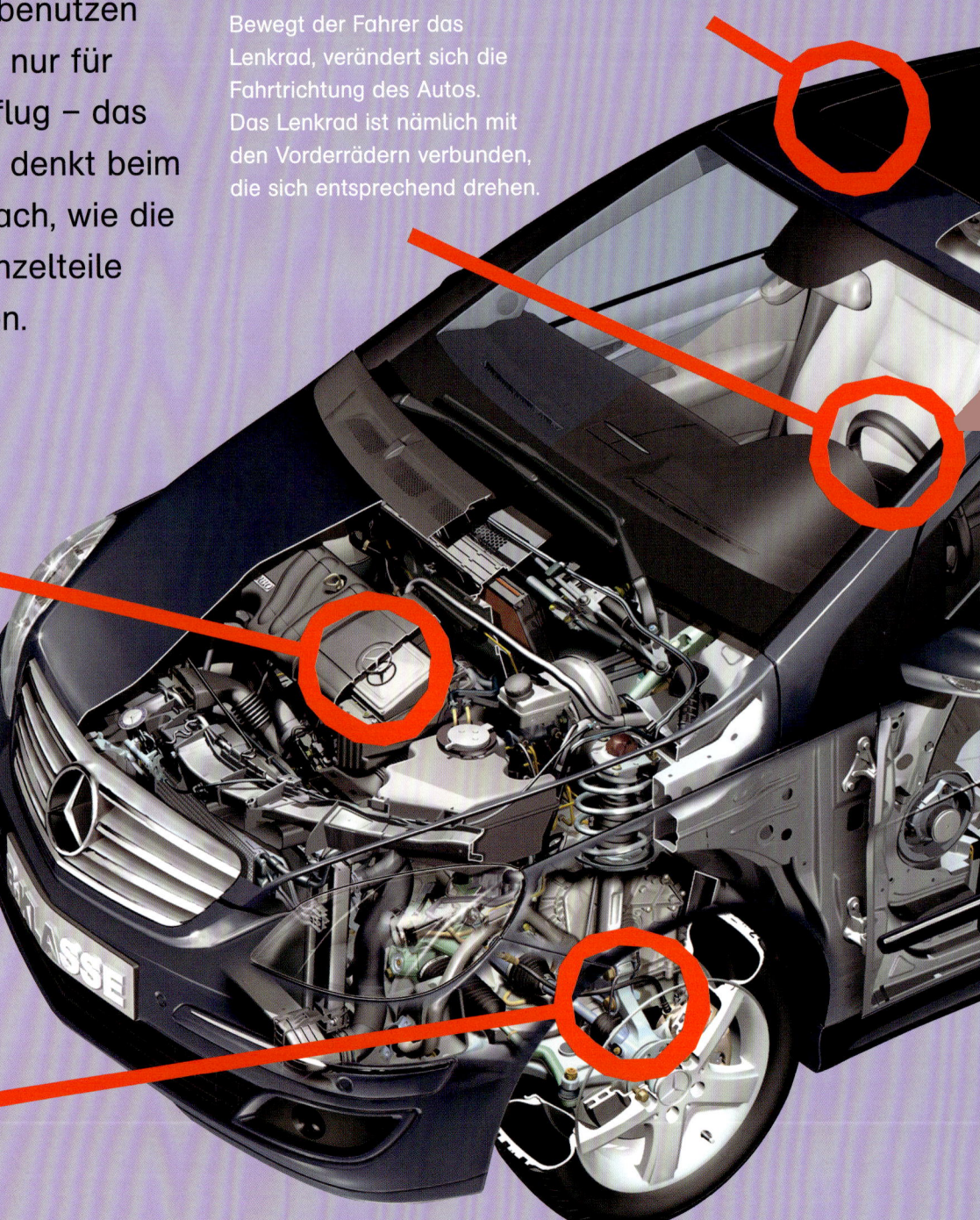

Hinter dem Lenkrad siehst du viele Anzeigen, die für den Fahrer wichtig sind.

Geschwindigkeit
Wie schnell ist das Auto gerade?

Kilometerzähler
Wie weit ist das Auto schon gefahren?

Tank
Reicht das Benzin noch bis nach Hause?

Temperatur
Ist der Motor nicht zu heiß?

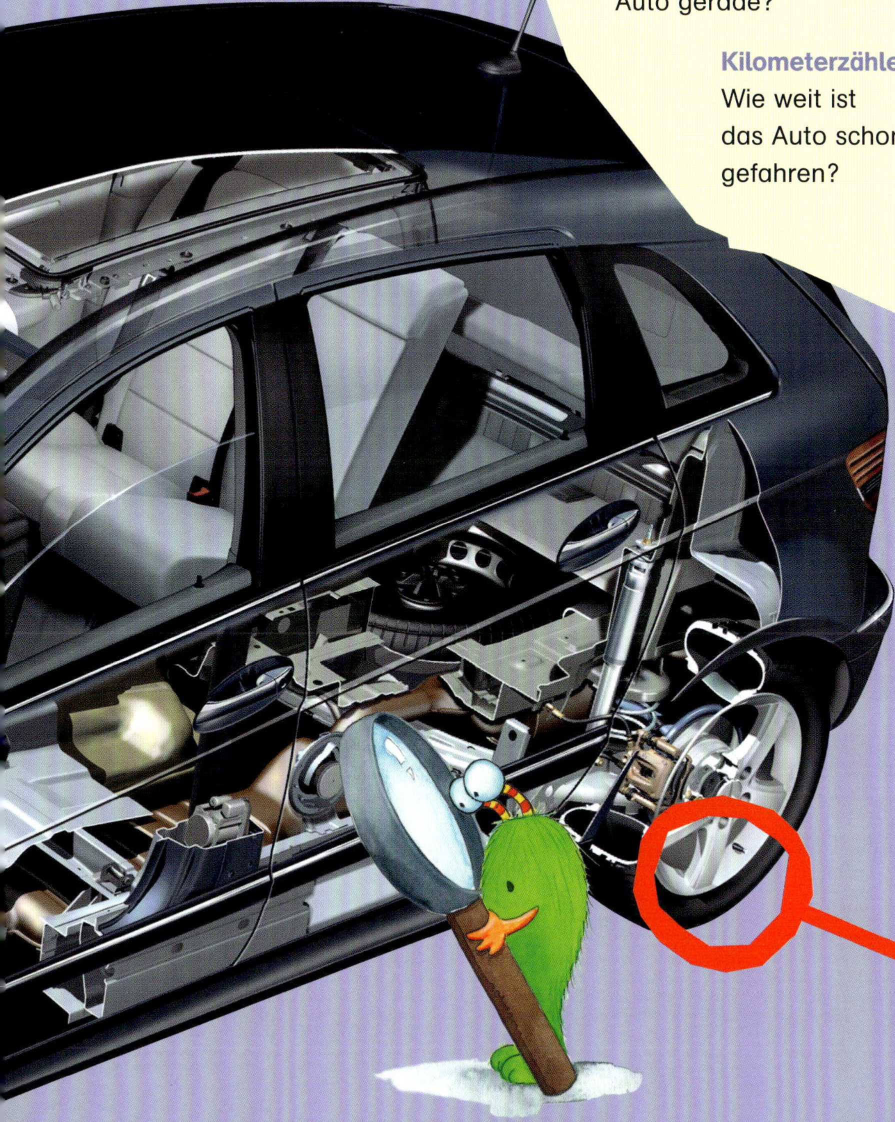

Bei der Verbrennung von Treibstoff im Motor entstehen gefährliche Abgase. Der Auspuff reinigt sie, bevor sie in die Luft gepustet werden. Er sorgt außerdem dafür, dass Autos nicht so laut knattern.

Auf runden Rädern rollt das Auto gleichmäßig vorwärts. Je trockener die Straße, desto besser greifen die Reifen auf dem Untergrund.

Das Getriebe, das unter dem Schaltknüppel liegt, funktioniert so ähnlich wie die Gangschaltung am Fahrrad. Wäre das Auto ein Fahrrad, müsstest du im ersten Gang viel treten, kämst aber nur langsam vorwärts. Im fünften Gang würdest du wenig treten, wärst dafür aber schnell.

Die Antriebswelle, die in die Mitte des Rades führt, überträgt die Kraft vom Motor auf die Räder. Dadurch drehen sie sich.

Ohne Auto – der Umwelt zuliebe

Autos sind praktisch, verschmutzen mit ihren Abgasen aber unsere Umwelt. Hier bekommst du ein paar Tipps, wie du leicht aufs Auto verzichten kannst.

Kurze Strecken kannst du gut zu Fuß gehen – auch wenn es ein paar Minuten länger dauert.

Wenn's weiter weg gehen soll, sind Bus und Bahn prima Fortbewegungsmittel. Du musst nicht lange still sitzen und triffst andere Kinder.

Wie wär's mit einem Fahrradausflug ins Grüne? Du lässt dir die frische Luft um die Nase wehen und hältst dich gleichzeitig fit.

Neles Rad-Bekanntschaft

„Meinst du, ich finde neue Freunde? Die anderen kennen sich doch alle schon!", Nele ist ganz nervös. Schon seit Tagen löchert sie ihre Mutter mit Fragen.

Ihre Familie ist nämlich erst vor Kurzem in die neue Stadt gezogen und bald geht die Schule los. Eigentlich freut sie sich auch darauf. Was ihr aber ein wenig Bauchschmerzen bereitet, sind die neuen Mitschüler. Als sie ganz in Gedanken versunken um den Wohnblock radelt, rennt ihr plötzlich ein Hund direkt vors Rad. Sie bremst und versucht, an ihm vorbei zu lenken. Zu spät! Kopfüber landet sie in einer Hecke. „Autsch!" Das tat weh.

„Na, die Hecke ist wohl nicht mehr zu retten", hört Nele eine Kinderstimme sagen. Sie rappelt sich auf und sieht einen rothaarigen Jungen hinter sich stehen. „Aber wir wollten die eh abschneiden." Der fremde Junge winkt mit der Hand ab. „Ist bei dir alles okay?" Nele bewegt Arme und Beine: „Nur ein paar Kratzer am Arm."
„Gut, dass du einen Helm auf hattest", fügt der Junge hinzu. „Tut mir leid, dass Struwwel dir vors Fahrrad gerannt ist." Neugierig schaut er sie an. „Ich habe dich noch nie gesehen. Bist du neu hier?", fragt er interessiert. „Ja, wir sind erst vor ein paar Tagen hergezogen", antwortet Nele.

Zur Sicherheit: Beim Fahrradfahren immer einen Helm tragen!

Der Junge strahlt. „Super, dann sehen wir uns sicher öfter."

„Neeeele! Neeeeele!", ruft Neles Mutter laut. „Ich muss los", verabschiedet sich Nele von ihrem neuen Bekannten. „Wie heißt du eigentlich?", will sie nur noch wissen. „Moritz", ruft der Junge, schnappt sich die Hundeleine und läuft winkend davon. „Bis bald dann!"
„Bis bald!", Nele ist jetzt viel entspannter – sicher geht Moritz auf ihre Schule. Und der ist schon mal richtig nett.

Hochgeschwindigkeitszüge

Japan ist ein Land für Zugfahrer. Neben den üblichen Regionalbahnen verlassen tagsüber pro Stunde zahlreiche superschnelle Züge die Hauptstadt Tokyo – in jede Richtung sechs! Der sogenannte Shinkansen ist mit einer Geschwindigkeit von bis zu 300 Stundenkilometern unterwegs. Und das sogar, wenn es bergauf geht!

Hier findest du Japan auf der Weltkarte.

Auf Schienen unterwegs

Züge fahren auf ihren eigenen Wegen, den Gleisen. Obwohl die Bahn nicht überall hinkommt, wo Autostraßen hinführen, ist sie ein beliebtes und wichtiges Verkehrsmittel. Kein Wunder: Sie kann mehr Menschen und Güter auf einmal transportieren als ein Bus oder LKW. Und weil ihre Stahlräder auf den Schienen so leicht dahingleiten, verbraucht sie dabei auch noch weniger Energie als andere Transportmittel.

Zurücktreten bitte!

Sicher warst du schon mal auf einem Bahnsteig, als ein Zug einfuhr. Sind deine Haare in dem Moment hochgeflattert? Dann hast du den kräftigen Luftstrom gespürt, den eine Bahn an ihren Seiten vorbeidrückt. Der kann so stark werden, dass er Koffer und Menschen umreißt. Deshalb gibt es an jedem Bahnsteig eine Linie, hinter der man warten soll. Dort ist der Luftstrom nicht mehr ganz so heftig wie direkt an der Kante.

Auf dem Wasser unterwegs

Ob schweres Containerschiff, schnelle Yacht oder großer Flugzeugträger – Wasserfahrzeuge bringen Menschen und Güter trockenen Fußes von Ufer zu Ufer. Beim kleinen Ruderboot muss man sich mächtig anstrengen, um vom Fleck zu kommen. Im Segelboot übernimmt der Wind den Antrieb, indem er in das große Segel bläst. Und ein Motorschiff hat – wie sein Name schon sagt – einen Motor an Bord.

Abgetaucht!

Die meisten Schiffe fahren auf dem Wasser. Doch ein U-Boot kann auch abtauchen. Es besitzt spezielle Tanks, die es mit Wasser füllt, um schwerer zu werden – dann geht es hinab. Will ein Unterwasserboot wieder auftauchen, wird mitgeführte Luft in diese Tanks gepresst. Der Sauerstoff zum Atmen wird entweder in großen Flaschen mitgenommen oder aus dem Meerwasser gewonnen.

Ben und StrOma

„Gähn!", verschlafen räkelt sich Ben unter seiner Bettdecke. „Wie schön, endlich Ferien und Ausschlafen!" Da fällt es ihm ein. [Bild] ist ja zu Besuch! Schnell springt er aus dem Bett und läuft barfuß ins Badezimmer. [Bild] mag es nämlich gar nicht, wenn man ungewaschen zum Frühstück kommt. Erst noch aufs [Bild], dann hüpft Ben kurz unter die [Bild].

Ben ist schnell. Nach zwei Minuten ist er von [Bild] bis [Bild] blitzeblank und tropfnass. Für die Haare schnappt er sich noch von der [Bild] aus den [Bild]. Im selben Moment, als er den Stecker in die [Bild] schieben will, springt die Tür auf. „Guten Morgen, Ben. Na, schon ausgeschlafen?" Seine [Bild] strahlt ihn an. Doch mit einem Mal verändert sich ihr Gesicht. Entsetzt reißt sie Ben den [Bild] aus der Hand. Ben ist verwirrt. Was soll das denn? Er hat sich doch schon oft die Haare geföhnt.

Da schimpft [Bild] auch schon: „Du bist doch ganz nass und der [Bild] braucht Strom. Weißt du nicht, dass du [Bild] und Strom nie zusammenbringen darfst. Das ist lebensgefährlich! Raus mit dir aus der [Bild] und dann trockne dich erst mal ab!"

Ben ist erschrocken. Das hatte er ganz vergessen. Dabei hatte Mama ihm das auch schon oft gesagt.

Zum Glück kann [Bild] ihm nie lange böse sein. Bei einem Kakao haben beide den Schreck schnell vergessen. Aber seit diesem Morgen nennt Ben seine nur noch StrOma und denkt so jeden Morgen beim [Bild] an sie.

Heute schon gelacht?

Krafterparnis

Anna und Jan ziehen mit ihren Eltern in eine neue Wohnung um. Beide sollen beim Tragen helfen. Anna schleppt einen der Kinderschränke. Doch Jan ist nirgends zu sehen. Als der Papa sich nach ihm erkundigt, sagt Anna: „Na, der sitzt im Schrank und trägt die Kleiderbügel."

Denkersparnis

Die Lehrerin fragt Leonie: „Nenne mir fünf Gegenstände, die Strom brauchen." Die Antwort ist für Leonie natürlich kein Problem: „Fünf Lampen!"

Kopfnuss

Warum ist Rätsel raten gefährlich?

Schiefer Turm

Das ist ein Spiel für geschickte Hände: Jeder bekommt 20 Streichhölzer. In eurer Mitte steht eine leere Glasflasche. Der jüngste Spieler beginnt und legt ein Streichholz auf die Öffnung der Flasche. Dann geht es reihum weiter. Wer den Turm beim Ablegen seines Streichholzes zum Einstürzen bringt, muss alle Hölzer nehmen. Ziel ist es, so schnell wie möglich alle Hölzchen loszuwerden.

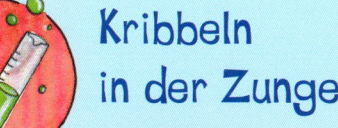

Kribbeln in der Zunge

Rolle ein Stück Aluminium zusammen. Es sollte etwa so lang wie eine Metallgabel sein. Und die brauchst du für das Kribbel-Experiment auch. Strecke deine Zunge raus und halte Gabel und Alurolle daran. Beide Teile sollten nur deine Zunge, nicht aber einander berühren. Das kommt jetzt erst: Schiebe das Ende der Alufolie, das nicht auf deiner Zunge liegt, zur Gabel. Und … was spürst du?

Was passiert?

Berühren Alufolie und Gabel einander, bemerkst du ein leichtes Kribbeln an der Zungenspitze. Du hast nämlich eine einfache Batterie gebaut. Und es fließt ein ganz leichter und ungefährlicher Strom durch deine Zunge.

GPS

Diese Abkürzung steht für ein englisches Wort, das so viel bedeutet wie „weltweites System zur Ortsbestimmung". Denn genau dafür ist es da: Mithilfe von Daten, die Satelliten aus dem All funken, wird ein Standort ermittelt. Die Navigationssysteme in Autos arbeiten mit GPS.

Wasserstoff- antrieb

Benzin wird aus Erdöl hergestellt. Weil aber irgendwann alles Erdöl aufgebraucht ist, suchen Autohersteller nach neuen Treibstoffen. In vielen deutschen Großstädten fahren bereits Busse mit Wasserstoff im Tank. Anstelle von Abgasen kommt bei ihnen nach der Verbrennung im Motor fast nur Wasserdampf aus dem Auspuff.

Laser

Einen Laser kannst du dir wie einen sehr stark gebündelten Lichtstrahl vorstellen. Und der hat Kraft! In Fabriken schneidet er Stahl und bohrt Löcher. Ärzte behandeln mit Laserstrahlen kaputte Zähne und kranke Augen. An der Kasse im Supermarkt liest der Laser blitzschnell den Strichcode auf den Waren.

Nano-Sonnencreme

Um die Haut vor der Sonne zu schützen, reibt man sich im Sommer mit Sonnencreme ein. Die schützenden Stoffe darin verteilen sich über die Haut. Leider versickern sie aber zwischen feinen Hautfältchen. Doch es gibt Abhilfe: Wie eine Schutzschicht aus unvorstellbar kleinen Dachziegeln legt sich die sogenannte Nano-Sonnencreme auf die Haut und schützt so noch besser.

Ein Blick zurück

- Die erste Glühbirne brannte nur 40 Stunden lang.

- Ganz am Anfang hießen Staubsauger „Entstaubungspumpe". Sie waren zu groß, um in eine Wohnung zu passen.

- Die ersten Handys waren alles andere als handlich: Sie wogen fast ein Kilo und hatten in etwa die Größe einer Literflasche Wasser.

- Mit Röntgenstrahlen kann man die Knochen im Körper sichtbar machen. Diese Fähigkeit der Strahlen, Dinge zu durchleuchten, wurde nur durch Zufall entdeckt.

- Die Idee für tiefgekühltes Essen hat sich sein Erfinder von den Inuit in Kanada abgeguckt. Diese hängen Fisch direkt nach dem Fangen zum Gefrieren auf eine Leine.

Die Kraft der Luft

Aus einem Streifen Papier kannst du Blumen oder Schleifen falten. Aber viel spannender ist es, wenn du daraus einen Flugzeugflügel machst.

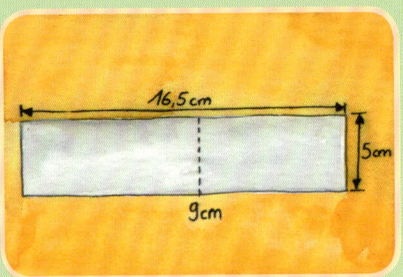

1. Schneide von einem Blatt einen Streifen ab. Er sollte 5 cm breit und 16,5 cm lang sein.

2. Bei 9 cm zeichnest du mit dem Lineal einen Strich.

3. An dieser Stelle faltest du den Streifen.

4. Forme am Falz mit den Fingern eine schöne Rundung.

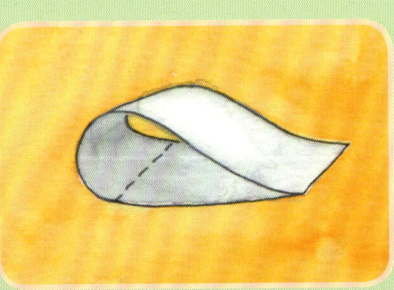

5. Dann klebst du die Enden des Papierstreifens aneinander.

6. Mit der Nadel stichst du in deine Mini-Tragfläche zwei Löcher. Sie müssen genau übereinander liegen.

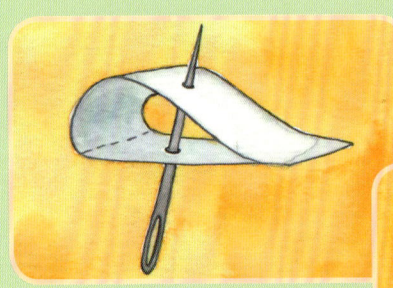

7. Nun fädelst du das Garn auf die Nadel.

8. Ziehe den Faden durch die Löcher in der Tragfläche.

9. Halte oben und unten fest. Das Garn sollte stramm gespannt sein.

10. Puste von vorn gegen die dicke Seite deines Flügelmodells.

Was passiert?

Deine Mini-Tragfläche steigt nach oben. Genauso funktioniert das auch bei einem Flugzeug.

Warum fallen Flugzeuge nicht vom Himmel?

Obwohl wir Luft kaum wahrnehmen, hat Luft eine unglaubliche Kraft. Und die wirkt an den Tragflächen eines Flugzeugs. Diese sind oben stärker gewölbt als unten. Weil die Luft oben einen weiteren Weg zurücklegen muss, wird sie schneller und zieht den Flügel hoch. Gleichzeitig drückt die Luft von unten den Flügel nach oben.

Dieser Auftrieb hält das Flugzeug in der Luft. Er muss stärker sein als die Schwerkraft der Erde. Sie zieht das Flugzeug nämlich nach unten. Der sogenannte Schub, der von den Triebwerken erzeugt wird, treibt das Flugzeug nach vorne. Dort muss es den Widerstand der Luft überwinden und fliegt!

Mit über 850 Kilometern in der Stunde bringen Flugzeuge ihre Passagiere ans Ziel.

Auftrieb

Schub

Luftwiderstand

Schwerkraft

Damit ein Flugzeug in der Luft vorwärts kommt, müssen Schub und Auftrieb kräftiger sein als Schwerkraft und Luftwiderstand.

Checkliste

- Die Luft hebt das Flugzeug hoch.
- Von oben saugt die Luft den Flügel an.
- Von unten drückt die Luft den Flügel nach oben.
- Der Auftrieb hält das Flugzeug in der Luft.
- Der Schub der Triebwerke treibt das Flugzeug nach vorne.

Das Cockpit

Arbeitsplatz mit atemberaubendem Ausblick

Als Erster Offizier trägt Thomas Lauinger zusammen mit dem Flugkapitän die Verantwortung für die ganze Crew und alle Passagiere an Bord. Vom Cockpit aus steuert er das Flugzeug. Hier erzählt er unserer Autorin Sandra Noa von seinem außergewöhnlichen Beruf.

S. Noa: Herr Lauinger, Sie sind hier im Cockpit ja von jeder Menge Anzeigen, Schaltern, Hebeln und Knöpfen umgeben. Wofür sind die da?

T. Lauinger: Im Prinzip für die gleichen Sachen wie im Auto – zum Gas geben, Lenken, Licht einschalten und Bremsen. Nur ist alles etwas umfangreicher, auch die Anzeigen zur Kontrolle. Als Pilot muss ich ständig überprüfen, ob die Flughöhe stimmt, die Geschwindigkeit und die Flugrichtung.

S. Noa: Wie behalten Sie dabei den Überblick?

T. Lauinger: Alles ist logisch angeordnet und leicht zu finden. Mit dem Hebel und den Knöpfen in der Mitte bediene ich zum Beispiel die Triebwerke und die Klappen der Tragflächen. Mit den Schaltern über meinem Kopf regle ich unter anderem die Stromversorgung und die Klimaanlage. Dadurch können die Fluggäste Filme sehen und sind mit frischer Luft versorgt. Direkt vor mir in der Mitte sind die Regler für den Autopiloten.

S. Noa: Was ist denn ein Autopilot?

T. Lauinger: Das ist meine Unterstützung in der Luft. Zwischen Start und Landung nimmt er mir Arbeit ab. Der Autopilot hält die Höhe, den Flugkurs und die Geschwindigkeit ganz automatisch. Ich muss ihn aber ständig mit

Informationen füttern, um sicher am Ziel anzukommen.

S. Noa: Ist der zweite Stuhl im Cockpit dann für den Autopiloten?

T. Lauinger: Nein, der Autopilot ist ein Computer! Aber ich fliege trotzdem nie allein. Vier Augen sehen einfach mehr als zwei. Wir sind immer Kapitän und Ko-Pilot. Einer von uns steuert das Flugzeug. Der andere überprüft die Anzeigen und hält Kontakt zur Flugverkehrskontrolle.

S. Noa: Flugverkehrskontrolle?

T. Lauinger: Das sind sozusagen Verkehrspolizisten für Flugzeuge. Diese Fluglotsen überwachen den Luftraum, damit es in der Luft oder am Boden nicht zu Unfällen kommt. Sie sitzen an Bodenstellen, etwa am Flughafen. Über Funk geben sie mir Anweisungen und Freigaben zu Flughöhe, Geschwindigkeit und Kurs.

S. Noa: Noch eine Frage zum Schluss: Was mögen Sie an Ihrem Job am meisten?

T. Lauinger: Wenn ich im trüben Winter starte, dann mit dem Flugzeug durch die grauen Wolken breche und darüber die Sonne scheint.

S. Noa: Vielen Dank für das Gespräch, Herr Lauinger!

Schon als kleiner Junge bestaunte Thomas Lauinger die Flugzeuge am Himmel und träumte davon, Pilot zu werden. Diesen Traum hat er wahr gemacht. Heute fliegt er in einem Airbus A 340 für die Lufthansa quer durch die Welt. Seine Lieblingsziele liegen in den USA: Boston und New York.

Höher, schneller, weiter fliegen

Schnellstes Flugzeug

Ein Forschungsflugzeug hält den Geschwindigkeits-Weltrekord unter den Flugzeugen. Die X-43A ist nicht mal vier Meter lang, fliegt aber mit über 11.000 Kilometern pro Stunde durch die Luft. Ein Pilot ist dabei jedoch nicht an Bord.

Größtes Flugzeug

Das größte Luftfahrzeug der Welt ist ein Transportflugzeug: die Antonow An-225. In den Flugzeugriesen passt ein ganzer Hubschrauber und auf seinem Dach hat noch ein anderes Flugzeug im Huckepack Platz.

Längste Strecke ohne Zwischenstopp

Ohne einmal zu landen oder nachzutanken flogen 1986 zwei Piloten mit dem Scaled Composites Voyager um die ganze Welt. Für die 42.120 Kilometer lange Flugstrecke brauchten sie etwas mehr als neun Tage.

Weitester Höhenflug

Normale Flugzeuge bewegen sich in etwa zehn Kilometern Höhe. Doch das SpaceShipOne flog fast 115 Kilometer hoch. Im Gleitflug kehrte es unversehrt zur Erde zurück.

Wer bin ich? Ich heiße Maus, bin aber keine, dafür kann ich fliegen.

Kleinstes Flugzeug

Das CriCri erinnert an ein großes Modellflugzeug. Es kann aber tatsächlich mit einem Piloten an Bord abheben. Das Mini-Fluggerät ist nur etwa fünf Meter breit, vier Meter lang und 1,20 Meter hoch.

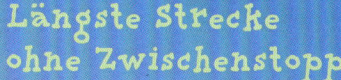

Das große Technik-Quiz

Hier findest du Fragen rund um das Thema Technik. Dazu siehst du den Teil eines Fotos. Weißt du eine Lösung mal nicht, suchst du einfach im Buch nach dem Foto – dort findest du dann die richtige Antwort.

2. Wer erfand den Blitzableiter?

a) Isaac Newton

b) Benjamin Franklin

c) Karel Capek

3. In welche Richtung breitet sich Wärme aus?

a) nach oben

b) nach unten

c) in alle Richtungen

1. Was passiert beim Schleudern in der Waschmaschine?

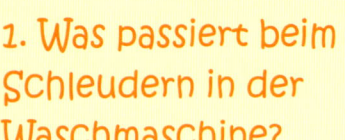

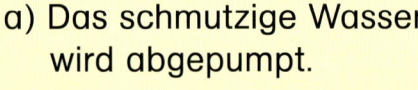

Die Lösungen findest du auf der Seite 76!

a) Das schmutzige Wasser wird abgepumpt.

b) Der Dreck aus der Wäsche löst sich im Wasser.

c) Wasser wird aus der nassen Wäsche gepresst.

4. Wer mischt Töne und Dialoge zu einem Hörspiel?

a) der Geräuschemacher

b) der Tonmeister

c) der Mischtechniker

5. Wo tankten die ersten Autofahrer?

a) an einer Tankstelle

b) in einer Apotheke

c) an einer Steckdose

8. Wie viel wog der ENIAC?

a) so viel wie sechs seiner Erfinder

b) so viel wie sechs Elefanten

c) so viel wie sechs heutige Computer

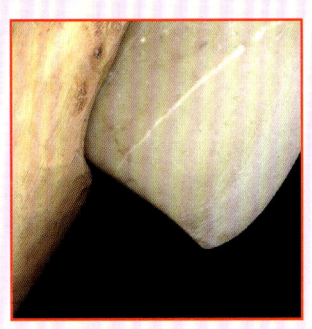

6. Woraus erstellten Steinzeitmenschen Messer und Äxte?

a) aus Metall

b) aus Porzellan

c) aus Stein

9. Wonach suchen Forschungsroboter auf dem Mars?

a) nach Hinweisen auf Marslebewesen

b) nach Resten abgestürzter Raketen

c) nach geheimen Schätzen

7. Wofür haben Erfinder bei Katzenpfoten abgeguckt?

a) für Luftballons

b) für Reifen

c) für Schuhe

Worterklärungen

Antrieb

Wenn eine Kraft etwas in Bewegung setzt, nennt man das Antrieb. So treibst du einen Roller zum Beispiel mit der Kraft deines Fußes an.

Anziehungskraft

Alle Gegenstände und Lebewesen ziehen einander mit einer bestimmten Stärke an.

Atom

Alles auf unserer Welt besteht aus winzig kleinen Teilchen, den Atomen. Man kann sie nur mit einem besonderen Mikroskop sichtbar machen.

Batterie

Eine Batterie speichert Energie in Form von Chemikalien. Wenn diese in der Batterie aufeinander treffen, entsteht Strom. Der wiederum bringt zum Beispiel eine Glühbirne zum Leuchten.

Biomasse

Biomasse sind zum Beispiel Kuhfladen, Holzspäne, Stroh, aber auch Biogas. In speziellen Kraftwerken wird daraus Strom hergestellt.

Cockpit

Das Cockpit befindet sich an der Spitze des Flugzeugs. Von hier aus steuern der Flugkapitän und sein Ko-Pilot die Maschine.

Computer

… sind Geräte, die Befehle ausführen, die ihnen ein Programm gegeben hat.

Dynamo

Ein Dynamo erzeugt aus einer Drehbewegung elektrischen Strom. Du kennst ihn wahrscheinlich von deinem Fahrrad. Dort lässt er Vorder- und Rücklicht leuchten.

Elektrizität

… ist eine lang bekannte Naturkraft. Wir nutzen sie vor allem als elektrischen Strom, der bei uns zu Hause aus der Steckdose kommt.

Fliehkraft

Die Fliehkraft wirkt bei sich drehenden Objekts. Sie zieht alles aus der Mitte nach außen, z. B. die Wäsche beim Schleudern in der Waschmaschine.

Generator

Ein Generator wandelt Energie in elektrischen Strom um. Ein kleiner Generator ist der Dynamo.

Hebel

Ein Hebel gehört zu den einfachsten Werkzeugen. Er verstärkt deine Kraft: Mit wenig Kraft können schwere Gegenstände gehoben werden.

Kraft

Alles, das etwas anderes verändern kann, besitzt Kraft. Wärme verformt zum Beispiel Kerzenwachs und der Wind bläst die Blätter von den Bäumen.

Kraftwerk

In einem Kraftwerk wird Energie in elektrischen Strom umgewandelt.

Kühlmittel

… transportieren Wärme ab. Kühlmittel können ein Gas, eine Flüssigkeit oder ein fester Gegenstand sein.

Laser

Ein Laser sendet einen stark gebündelten Lichtstrahl aus. Er kann so viel Energie enthalten, dass man damit Wände durchschneiden kann.

Magnetfeld

Jeder Magnet hat ein Magnetfeld. Es verbindet den Nord- mit dem Südpol des Magneten. Im Bereich des Magnetfeldes wirkt die Anziehungskraft des Magneten.

Motor

Motoren treiben Geräte an, z.B. ein Auto.

Navigationssystem

In einem Navigationssystem sind viele Landkarten gespeichert. Über Satelliten erfährt das Navigationssystem, wo es sich gerade befindet. Diese Info vergleicht es mit den Landkarten. Dadurch kann es genau angeben, wo man sich gerade befindet und wie man am besten ans Ziel kommt.

Programmierer

Ein Programmierer bringt einem Computer bei, was er wann machen soll.

Raumschiff

Ein Raumschiff ist ein Fahrzeug, das sich im Weltall fortbewegen kann.

Roboter

… sind Maschinen, die programmiert werden und anschließend bestimmte Aufgaben selbstständig ausführen können.

Röntgenstrahlen

… sind für uns unsichtbare Strahlen, die verschiedene Stoffe unterschiedlich stark durchdringen. Mit ihnen kann man in den menschlichen Körper schauen und Knochenbrüche erkennen.

Schallwellen

… sind Schwingungen in der Luft, die Töne übertragen.

Solarzelle

Eine Solarzelle wandelt Sonnenlicht in elektrische Energie um.

Strom

… fließt, wenn sich winzige Teilchen, die Elektronen, in einem Leiter vorwärts bewegen. Wir brauchen Strom für unsere Lampen, den Kühlschrank, den Fernseher und vieles mehr.

Transformator

Der Transformator verteilt den Strom, der aus dem Kraftwerk kommt, auf verschiedene Häuser.

Treibstoff

Meistens werden Treibstoffe verbrannt, damit sie etwas antreiben können, z. B. einen Motor. Zu den bekanntesten Treibstoffen zählen Benzin und Kohle.

Turbine

In Kraftwerken drehen sich Turbinen, wenn Wasser oder Gase über ihre Schaufelräder fließen. Sie treiben dann einen Generator an, der Strom erzeugt.

Walze

Eine Walze hat die Form einer Dose Bohnen. Sie dreht sich.

Werkzeuge

… sind Hilfsmittel, die einem bei der Benutzung oder Bearbeitung eines Gegenstandes Arbeit abnehmen. Zu ihnen gehören beispielsweise Hebel, Schraubendreher und Bohrmaschinen.

Lösungen

Lösungen

S. 9
1. Rad, 2. Papier, 3. Windmühle,
4. Fernglas, 5. Heißluftballon,
6. Telefon, 7. Motorrad,
8. Fernseher

S. 18

S. 19

S. 20
Löffel, Schraube, Münze,
Schlüssel, Büroklammer

S. 25
Reis

S. 47
Finn betätigt den 1. Lichtschalter
und wartet etwas. Eine Glühbirne
wird warm. Dann knipst er das
Licht wieder aus, drückt den
2. Schalter und betritt den
Dachboden. Eine Lampe brennt,
eine ist warm und eine kalt. Nun
weiß er, zu welchem Lichtschalter
sie gehören.

S. 63 Kopfnuss
Weil man sich dabei den Kopf
zerbricht!

S. 71
Fledermaus

S. 72/73
1c, 2b, 3a, 4b, 5b, 6c, 7b, 8b, 9a

Geh doch mal hin!

In vielen Museen kannst du
Technik hautnah erleben.
Hier findest du eine kleine
Auswahl:

Deutsches Museum
Museumsinsel 1
80538 München
http://www.deutsches-
museum.de

**Deutsches Technikmuseum
(mit Science Center
Spectrum)**
Trebbiner Straße 9
10963 Berlin-Kreuzberg
http://www.sdtb.de

Universum Bremen
Wiener Str. 1a
28359 Bremen
http://www.universum-
bremen.de

Phänomania Erlebniszentrum
in Suhl, Essen und
Carolinensiel
http://www.phänomania.de

*Für die freundliche Unterstützung bei der Entstehung
dieses Buches bedanken wir uns herzlich bei:*

- Dr.-Ing. Sebastian Steinbach, Ingenieur Energietechnik
- Dr.-Ing. René Grottke, Ingenieur Maschinenbau
- Sören Laudien, Informatiker
- Dipl.-Ing. Alexander Huber, Entwicklungsingenieur
- Michael Lamberty, Lufthansa Presse
- Andreas Stolte, HNF Presse
- Joo Fürst, Geräuschemacher
- Thomas Lauinger, Flugkapitän

Phänomenta

in Flensburg, Bremerhaven,
Lüdenscheid und Peenemünde
http://www.phaenomenta.com

Heinz Nixdorf MuseumsForum

Fürstenallee 7
33102 Paderborn
http://www.hnf.de

Elementa Mannheim

Landesmuseum für Technik
und Arbeit
Museumsstr. 1
68165 Mannheim
http://www.elementa-
mannheim.de/

phaeno gGmbH

Willy-Brandt-Platz 1
38440 Wolfsburg
http://www.phaeno.de/

Science House Europa-Park

Europa-Park-Str. 2
77977 Rust
http://www.science-house.de/

Bildnachweis

Noch mehr spannende
Sach- und Mitmachbücher:

Zoom - Buntes Wissen für Kinder

Das spannende Sach- und Mitmachbuch
Ernährung

ISBN 978-3-480-22556-9